Adivinación con DADOS

Adivinación con DADOS

Sara Zed

Grupo Editorial Tomo, S. A. de C.V.
Nicolás San Juan 1043
03100 México, D. F.

1a. edición, octubre 2003.

ISBN: 970-666-862-4
Miembro de la Cámara Nacional
de la Industria Editorial No 2961

Traducción: Ana María Martín del Campo
Diseño de portada: Emigdio Guevara
Supervisor de producción: Leonardo Figueroa

Impreso en México - *Printed in Mexico*

INTRODUCCIÓN

Los dados, de diversas formas, han existido en muchas culturas desde el amanecer de la civilización. Aunque los signos, las formas o los números varían de cultura a cultura, el principio fundamental es el mismo: Un dado tiene seis superficies idénticas y cuando se lanza, cada una de las superficies tiene una misma oportunidad de caer cara arriba. (De forma paralela, también han existido otros "dados" de diferentes configuraciones, por ejemplo, en forma de pirámide, pero esos no son los que presentaremos aquí).

En las culturas antiguas, los dados se utilizaban para echar la suerte o para apostar. Existe evidencia de que en la antigua Babilonia, lo jóvenes que eran aptos para ser reclutados, lanzaban, en presencia de un funcionario del rey, unos dados marcados con líneas; los que arrojaban un número par de líneas eran reclutados, mientras que a los que lanzaban un número impar de líneas, se les dispensaba el servicio militar. Una tablilla de arcilla que narra este método también contiene una advertencia respecto a los dados cargados.

En China, los dados que ostentaban símbolos tradicionales se utilizaban para los juegos de azar. Una antigua maldición china dice: "¡Que los dados se adhieran a tu mano y no se suelten hasta que hayas perdido toda tu fortuna!"

De manera coincidente, los dados empezaron a utilizarse para predecir el futuro y para analizar el carácter y temperamento de las personas, así como los asuntos de actualidad, en plano paralelo al I Ching, el dominó y muchos otros objetos que se utilizaban para fines semejantes.

Los dados, en la forma que los conocemos ahora, de uno a seis puntos en su superficie que representan números, ofrecen una igualdad de oportunidades para cualquier posible resultado, y es por esta razón que los adivinos y las personas encargadas de predecir el futuro, los aprecian y valoran. Los dados, en su forma conocida, se utilizaban en el antiguo Egipto, en Grecia y en Roma para predecir el futuro. Los dados se hacían de piedra, madera, hueso o marfil, mientras que los de lujo se elaboraban con piedras preciosas y de oro o plata.

1. El Método Griego

El método más antiguo que conocemos para predecir por medio de los dados, es decir el arte que expone las reglas para "echar los dados", leer los resultados e interpretarlos, se originó en la antigua Grecia. Según este método, se colocan tres dados idénticos en un cubilete, se agitan, y se arrojan al piso, en donde se ha trazado un círculo pequeño. Los dados deben caer dentro del círculo. Si un dado cae fuera del círculo, se vuelven a tirar los dados.

Obtenemos 16 posibilidades numéricas de las sumas de los dados, de 3 a 18, y a cada uno de los resultados se les da su respectiva interpretación: "la aflicción reinará en tu casa durante mucho tiempo"; "una gran fortuna y riqueza"; "estás por recibir una carta que requiere una contestación inmediata". Se dan estas respuestas, a pesar de las preguntas específicas que haya hecho la persona que ha venido a buscar consejo del que lanza los dados, o aquel que los tira para sí mismo.

Según el método griego, la mejor hora para vaticinar el futuro por medio de los dados es al anochecer del lunes. Es mejor hacerlo en un lugar tranquilo, cerca de un sitio sagrado.

Si el mismo resultado se arroja en dos ocasiones durante "la sesión de asesoramiento", la predicción es doblemente válida.

Si un dado cae sobre otro, es señal de mala suerte, especialmente para las mujeres.

2. El Método Hindú

Este método se llama así porque los europeos lo aprendieron en la India y lo modificaron para adaptarlo a sus necesidades. Según este sistema, se echan dos dados, así que los posibles resultados fluctúan entre 1/1 y 6/6, o sea 21 posibles conclusiones.

Como primer paso, la persona consulta el "Manual de Preguntas". En este libro se presentan, por lo general, 30 preguntas relacionadas con áreas diversas como: "¿En qué área tendré éxito en los negocios?" "¿Es éste el amor de mi vida?", etc. Se selecciona la pregunta adecuada y después se echan los dados.

Según los números que aparezcan en los dados, la persona se dirige a la página de respuestas que corresponde a dicho resultado y lee la respuesta a la pregunta. (El resultado tiene siempre la conformación de 1/1, 4/5, etc. No se suman los números y no es importante cuales números salgan en cualquiera de los dos dados).

Por ejemplo, las respuestas para la pregunta, "¿en qué área tendré éxito en los negocios?" puede ser: "en tu ocupación actual", "en un trabajo constante y permanente", "en un lugar que requiera intrepidez" y así sucesivamente. Cada una de las respuestas aparecerá en una página cuyo encabezado contiene una de las posibles combinaciones (1/1 hasta 6/6).

Este método se originó en la India, en donde existen numerosos "Manuales de Preguntas y Respuestas" que algunas veces presentan más de 400 preguntas; las respuestas se seleccionan "al azar" en cualquiera de los métodos. Los europeos adoptaron el método hindú para hacer predicciones o pronósticos con los dados.

3. El Método por Diagrama

Este método es en realidad el método hindú, pero sin el uso de dados. Se elabora una tabla o diagrama que contenga los 21 posibles resultados, como se muestra a continuación:

1-4	3-5	4-6	2-2	
4-5	2-5	1-1	3-4	
1-3	3-3	5-6	2-3	4-4
2-4	1-2	6-6	3-6	
1-6	5-5	2-6	1-5	

La persona cierra los ojos, clava un alfiler en el diagrama y el resultado que obtenga lo dirigirá al "Manual de Preguntas y Respuestas", de igual manera como se hizo en el método hindú.

Este libro presenta una nueva ramificación de los métodos tradicionales, ya que combina los métodos astrológicos y los de numerología, así como otros métodos utilizados para predecir el futuro. A este procedimiento se le conoce como "El Método de las Doce Casas" pues su forma evoca el mapa astrológico de las casas.

El Método de las Doce Casas

Como se mencionó con anterioridad, el Método de las Doce Casas combina métodos para vaticinar que se han comprobado y verificado por generaciones y utiliza los dados, un total de tres, para seleccionar una entre las 72 posibilidades aleatorias existentes.

Vemos la escala de las posibilidades de predicción como una torre alta y redonda que está dividida en una docena de sectores o alas, esas son las casas o "rebanadas de pastel". Cada una de las casas o segmentos está numerada del 1 al 12. La torre incluye seis pisos idénticos. Si deseamos definir con precisión un segmento, podemos, por ejemplo, decir "el segmento 7 en el cuarto piso". Al predecir utilizando los dados, cada uno de los segmentos en cada uno de los pisos tiene su propia interpretación.

Los dados nos permiten llegar, de manera fortuita, a cada uno de los segmentos en cada uno de los lugares; el segmento mismo constituye una "adivinación" y una interpretación, en y por sí mismo, como en las cartas del Tarot, el que consulta, de hecho, no tiene que hacer ninguna pregunta. Todo lo que tiene que hacer es ubicar el segmento adecuado y leer en el manual la interpretación de ese segmento específico.

Este procedimiento se lleva a cabo de la siguiente manera:

1. Se traza un círculo y se divide en doce segmentos. A cada uno de estos se le asigna un número del 1 al 12 en el sentido de las manecillas del reloj, como se muestra en el diagrama que se presenta en la página siguiente.

2. Se tira un dado. Se señala el segmento, utilizando los números del 1 al 6. Este es nuestro punto de partida.

3. Se colocan los tres dados en un cubilete, se agitan y se lanzan. Se suman los números que aparecen, los resultados probables son del 3 al 18. Este resultado se cuenta desde el segmento que se señaló, siguiendo el sentido contrario al de las manecillas del reloj. El segmento al que se llega, es el que nos da la respuesta.

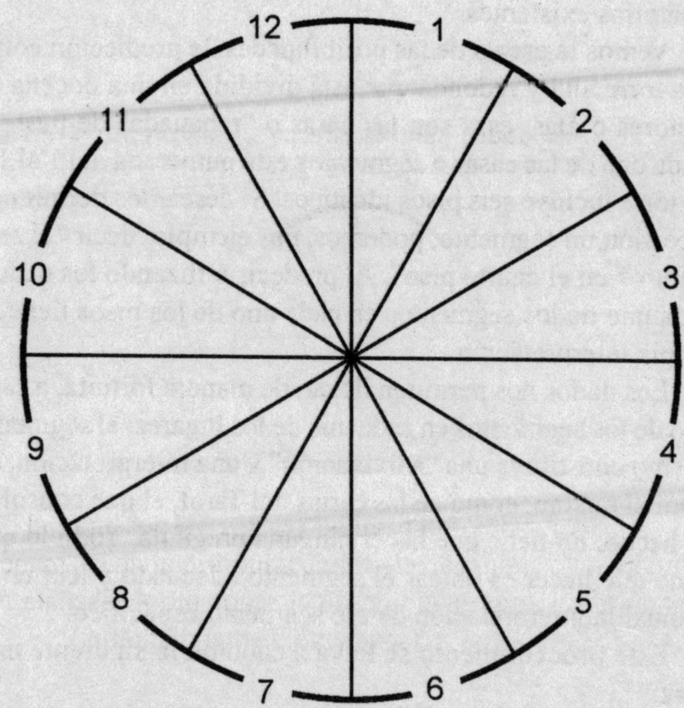

4. En seguida, se toma un dado y se lanza. El resultado factible es del 1 al 6 y ese es nuestro "piso". Marcamos el resultado dentro del segmento y así sabremos con precisión a qué segmento del libro nos tenemos que dirigir para poder leer la predicción adecuada.

Ejemplo:
1. Dibuja el círculo.

2. Tira un dado, sale 4. Marca el segmento 4 en el diagrama.

3. Tira tres dados – el resultado es 1, 2, 4, por un total de 7. Cuenta siete siguiendo el sentido contrario al de las manecillas del reloj empezando desde el segmento 4 y señala el segmento al que llegues. (segmento 9 en el diagrama).

4. Tira un dado. El resultado es 3.

Enseguida consulta el número 3 en el segmento 9 y ahí encontrarás la predicción adecuada.

Otro ejemplo:

1. Dibuja un círculo.

2. Tira un dado. El resultado es 2. Señálalo.

3. Tira tres dados. El resultado es un total de 14. Cuenta 14 siguiendo el sentido contrario al de las manecillas del reloj (una vuelta completa + 2) y llegas al segmento 12.

4. Tira un dado. El resultado es 1. Consulta el número 1 en el segmento 12.

Después de que colocamos el resultado en uno de los segmentos y encontramos el segmento en el manual, debemos leer la interpretación con sumo cuidado y compararla con la del que consulta. Aunque con el método de "Las Doce Casas" no se requiere ninguna pregunta específica, y aparentemente la interpretación que se da es la correcta para todas las preguntas y todos los que consultan, el lector de los dados, de todas maneras tiene la obligación de cotejar y relacionar al solicitante con la interpretación. El resultado de una interpretación específica, será diferente para un hombre que para una mujer, para un joven y una persona madura, para una persona enferma y una persona saludable, etc. La habilidad para equiparar la interpretación con el que consulta es el factor que distingue al lector de dados experimentado, de alguien que empieza a dar sus primeros pasos en esta área.

El lapso de tiempo aceptado para predecir el futuro es un año y así es como me he referido a las interpretaciones que se presentan en este libro.

El Manual de Respuestas

para predecir el futuro con dados según el método de las "Doce Casas"

Cuando el número 1 cae en el primer segmento

En los dados, el número uno implica que quien hace la consulta puede esperar cosas buenas y positivas en el futuro. Por esa razón, puede empezar a percibir los sucesos del siguiente año a través de lentes color de rosa. Experimentará el crecimiento en todas las áreas de su vida y los proyectos que emprenda darán fruto. Tendrá la suerte de disfrutar los frutos de su trabajo.

Desde el punto de vista financiero o económico, puede anticipar una mejoría significativa en su nivel. Se incrementará su capacidad financiera y el año por llegar le traerá una gran prosperidad en todo lo que se refiere a asuntos financieros y monetarios. La prosperidad puede resultar de una herencia inesperada, más que de un trabajo arduo. En todo caso, desde el punto de vista económico, para el que consulta, el año venidero será, de manera sustancial, mucho más fácil que el anterior.

Desde el punto de vista profesional, el solicitante empezará a avanzar en su trabajo. Puede haber un cambio favorable de lugar de trabajo, o el lugar de trabajo actual le permitirá subir de nivel, algo que ha estado esperando durante mucho tiempo. Esta situación lo conducirá a un cambio positivo en su actitud hacia el trabajo y, por supuesto, también le preparará el camino para un cambio positivo en todo lo concerniente a sus ingresos en los años venideros.

En el área de la salud, si el estado de salud del que consulta es buena, continuará de igual forma en el próximo año. Si su estado de salud no es satisfactorio, habrá una recuperación durante el año venidero y su estado general mejorará de manera considerable.

Durante el próximo año, la vida afectiva y amorosa del que solicita orientación será, literalmente, prolífica; si es soltero, conocerá a una nueva persona. Este encuentro llevará al que consulta a una relación significativa que le dará mucha felicidad y satisfacción. Si el que consulta es casado, su vida matrimonial tomará nuevas dimensiones y percibirá que su matrimonio es bueno y pleno. Una pareja de casados puede, con toda certeza, esperar un miembro más en la familia hacia fines del año venidero, y esto será motivo de una gran felicidad. El que consulta no debe preocuparse del aspecto financiero ni de cómo ganarse la vida, en particular con respecto al nuevo miembro de la familia, porque como dijimos antes, su situación continuará mejorando durante todo el año por venir.*

* Existe otra ramificación del método de Las Doce Casas, la del astronumerólogo francés Chantal Foyer, método en el que a cada segmento o casa se le asigna un área: viajes, finanzas, salud, vida amorosa, etc. Según este método, el que solicita orientación, selecciona el área y tira un dado para determinar cuál será su situación en ese campo de acción en lo particular. Al lector que interpreta los dados se le invita a hacer el intento y decidir por él mismo las áreas que cubren los diferentes segmentos en este libro, utilizará sólo un dado para hacer predicciones en el campo que le interese.
Según Chantal, el primer segmento cubre el área del ingreso.

Cuando el número 2 cae en el primer segmento

Este dado vaticina que el siguiente año trae consigo, para el que consulta, excelentes oportunidades en todas las áreas. Sin embargo, esto estará sujeto a su habilidad para comunicarse con aquellos que lo rodean y en especial a lograr mantener buenas relaciones, estables y amistosas con una persona en lo particular, que está vinculada a su vida.

Si el que consulta está en sociedad comercial con alguna otra persona, durante el año que empieza, debe ser cauteloso en extremo respecto a la naturaleza de las relaciones que realice con su socio. El negocio en su totalidad puede prosperar o quebrar, todo depende de la calidad de relación que logre establecer con su socio. Mientras mejores sean los vínculos, tanto en los negocios como en un nivel interpersonal, mayores serán las posibilidades de éxito.

Esto es valedero no sólo en el campo financiero o económico, sino también en otras áreas, ya que las segundas recibirán la influencia de la situación económica del solicitante, es decir, su vida familiar, su salud, sus relaciones con los que lo rodean, etc.

Si el que consulta es un trabajador asalariado, debe ser cuidadoso en su relación con sus jefes, debe prestar especial atención a las necesidades de su lugar de trabajo y las exigencias que le impongan sus superiores.

La dirección es positiva, es decir, los dados indican que durante el año venidero habrá progreso y una mejora en su nivel actual en la empresa, pero esto estará sujeto a su habilidad para mantener una relación estable y un vínculo amistoso con aquellos que lo rodean.

Una persona casada, o alguien involucrado en una unión seria con una pareja, debe sostener una relación sincera y auténtica con su compañera. Debe evitar encubrir cosas que puedan afectar la calidad de su relación y tratar de ser, tanto como le sea posible, "un buen amigo".

Mientras más sincera sea la amistad, y mientras más confianza exista entre el que consulta y su socio, más podrá garantizarse que el año por entrar será bueno para el que consulta y podrá sacarle el mayor provecho en todas las áreas de su vida.

Cuando el número 3 cae en el primer segmento

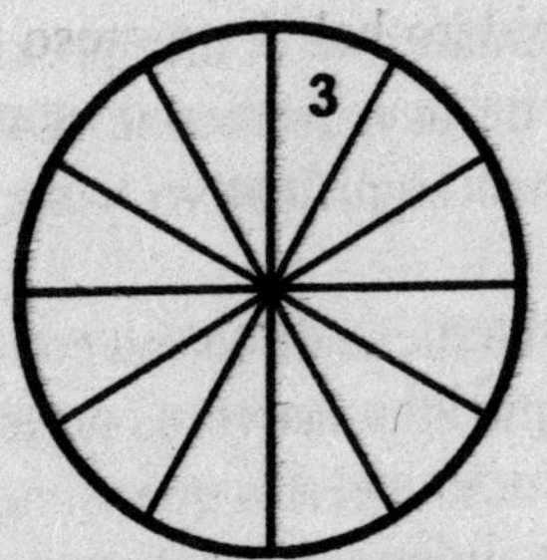

Los eventos relacionados con el año venidero serán exitosos por naturaleza. El que hace la consulta se sentirá como si estuviera "venciendo" a sus rivales y como si les llevara ventaja a las personas que en el pasado le "metieron zancadilla" o se alegraron ante su desplome. Es razonable suponer que el "éxito" se manifestará especialmente en todo lo que tenga qué ver con su trabajo. Además de lo antes expuesto, también puede ser que una persona que se siente coaccionada en su estructura familiar, ya sea por intrigas familiares o por algún conflicto que lo molesta de manera constante, se pueda llegar a sentir capaz de vencer estos "obstáculos" y lograr experimentar el triunfo. El que consulta debe estar consciente del hecho de que la sensación de éxito y el alivio que le sigue, no suceden de la noche a la mañana. Para que las cosas sucedan, se necesita tiempo. Sin embargo, puede confiar en que durante el curso del siguiente año, las cosas serán más fáciles para él y podrá percibir con certeza todo lo que lo ayudará a superarse. Se aconseja que el que consulta no especule, que no entable polémicas ni que empiece a buscar maneras solapadas para solucionar sus problemas, ya que de cualquier modo, las cosas funcionarán de una forma u otra durante el año venidero sin ninguna intervención de su parte. Esto es lo que le prometen los dados.

Si el que consulta está luchando con una enfermedad seria, los dados vaticinan que el año próximo representa una victoria en contra de la enfermedad. La superará y experimentará un descanso significativo y un retorno a la buena salud.

Si el que consulta lucha de forma constante con sus bajos impulsos y siente que algunas veces no logra vencerlos, puede confiar en que durante el año que viene logrará superar los arrebatos que lo llevan por caminos corruptos y lo regresarán al camino recto y estrecho.

Esto es cierto de manera especial en aquellas personas que sucumben ante los impulsos de jugadores inveterados, de las que están obsesionadas por el sexo y de las personas que ceden ante las adicciones como el alcohol, las drogas, etc. Esta clase de individuos podrán ser capaces de experimentar un sentimiento para vencer las pasiones y los impulsos que los motivan y así lograrán disfrutar el dejarse llevar por el sentimiento complaciente del triunfo.

Después de lo dicho con anterioridad, el que consulta debe cobrar conciencia de que la conclusión del proceso que se requiere para lograr el "éxito" sólo sucederá durante el año que empieza, aunque ya haya comenzado en el presente año.

Cuando el número 4 cae en el primer segmento

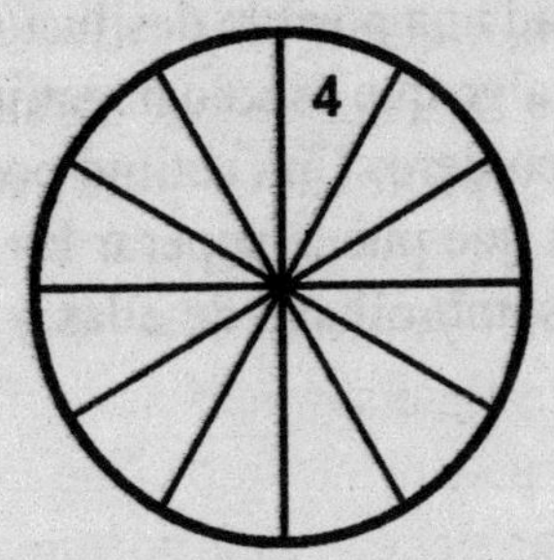

Es posible que el que consulta sufra algunas decepciones durante el próximo año. Algunos proyectos que inició pueden convertirse en fracasos. Si el que consulta tenía expectativas excesivas con respecto a su pareja, puede llegar a desilusionarse. Lo mismo le puede suceder en otras áreas, tales como en su lugar de trabajo. Las grandes esperanzas, como el prospecto de un viaje al exterior, la expansión de su negocio, un cambio a una casa nueva, etc., pueden, en última instancia, frustrarse.

Los dados preparan de antemano al que hace la consulta para ciertas situaciones de frustración y la primera lección que debe aprender de ello es no alimentar expectativas que sean demasiado altas con respecto a las diversas áreas de su vida, por lo menos durante el año venidero. Debe recordar que las desilusiones son tan grandes como las esperanzas. Mientras más bien puestos tenga los pies sobre la tierra y sea práctico y lógico en sus acciones, construirá menos castillos en el aire, y sus decepciones serán menos severas. Será capaz de aceptarlas con tanta ecuanimidad como sea de esperarse.

El que consulta debe recordar que a pesar del dolor que esto implica, la frustración puede ser un trampolín para lanzarse a cosas nuevas. Debe sacar conclusiones y aprender de sus errores, ya que esto puede darle una lección de vida con la que pueda progresar y seguir adelante. No debe contemplar con anterioridad una posible desilusión, aunque parezca muy grande, como algo que es sólo negativo y que está sujeto a arruinar el año venidero. Una actitud positiva será de gran ayuda no sólo para que pueda superar las desilusiones, sino para que pueda desembrollarse de ellas y emprender un camino nuevo.

Cuando el número 5 cae en el primer segmento

El número 5 implica que durante el próximo año, el que consulta puede esperar que le lleguen buenas noticias. Es posible que éstas sean buenas nuevas en el campo de trabajo, como un ascenso, o buenas nuevas que influyan en sus negocios. Pero esta combinación también se refiere a la llegada de noticias buenas y dichosas de un miembro de la familia que se encuentra lejos, o de alguna otra persona cercana que quien consulta no ha visto durante mucho tiempo.

Puede haber una reunión de parientes con los que el que hace la consulta no ha estado en contacto durante los últimos años, lo que vendrá acompañado de noticias agradables.

Durante el próximo año, el que consulta también recibirá buenas noticias que afectan a los miembros de su familia cercana. Su pareja lo sorprenderá con buenas noticias.

Las buenas nuevas estarán vinculadas con las relaciones familiares y también con las interpersonales: las personas que deseaban embarazarse, verán cumplidos sus deseos; los padres que anhelaban que su hijo fuera admitido en la universidad lograrán su anhelo; el que consulta recibirá noticias de la recuperación de un pariente que sufría alguna enfermedad seria; los padres que están ansiosos porque sus hijos se casen, realizarán su sueño en el próximo año, y así sucesivamente.

El año entrante se caracterizará por ideas originales e iniciativas especiales que son el fruto de las buenas nuevas que recibirá el que consulta. Buenas noticias en el campo de los negocios lo conducirán a una expansión de su negocio; las buenas nuevas en todo lo concerniente a la familia, lograrán un cambio favorable, bien sea el poder cambiarse a un departamento nuevo, que la familia se agrande, o cualquier otro proyecto. Las buenas noticias en la vida afectiva de la persona lo llevarán a tomar nuevas iniciativas, como proposición de matrimonio, un viaje juntos, etc.

El que solicita orientación tiene, con certeza, razón para sentirse optimista respecto al año venidero, puesto que aunque el año anterior haya estado cargado de desilusiones, o fuera en especial difícil, ahora sus dificultades se acabaron y el año próximo será mejor y menos complicado. Una buena noticia en particular que le llegará durante el transcurso del próximo año puede hacer que todo gire y cambie por completo las cosas. Aunque es posible que al solicitante le parezca que esto no es posible y vea todo de manera negativa, debe saber que esta combinación le promete un cambio radical benéfico y que ya desde ahora puede respirar con más facilidad. Sin lugar a dudas, el año venidero será favorable para él.

Cuando el número 6 cae en el primer segmento

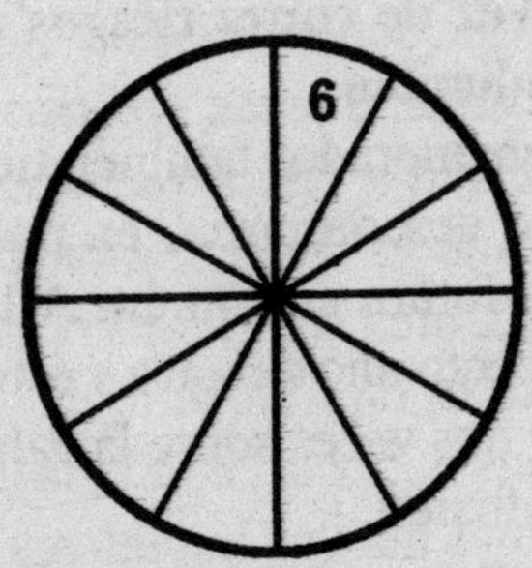

Esta combinación indica que el que consulta debe estar preparado para cualquier eventualidad durante el próximo año, debido a que la incertidumbre lo acompañará durante casi todo curso de acción que tome en el futuro próximo. No logrará alcanzar resultados inequívocos o definitivos. Puede esperar un año que no será fácil, durante el que tomará medidas cuyas consecuencias le serán desconocidas. La combinación pone énfasis en el hecho de que estas acciones irán asociadas a una falta de confianza. El sentimiento de inseguridad en casi todo lo que emprenda, y que lo acompañará durante el año que empieza, lo hará sentirse desasosegado, así que debe evitar tomar decisiones fatídicas o decidir asuntos futuros, ya que quedan expuestos al riesgo de tener un final desagradable. Durante el año que se aproxima, debe adherirse a lo que es seguro y no poner en peligro lo que ya ha logrado en su vida. Esto es valido con respecto a su familia o a su vida amorosa, pero aún más para todo aquello que esté relacionado con asuntos profesionales o financieros.

Prevalecerá una incertidumbre total en todo lo que concierne a asuntos de ingresos. No es aconsejable correr riesgos en nada que se refiera a negocios independientes o inversiones financieras. Mientras que las cosas estén envueltas por la inseguridad, es aconsejable esperar otro año y permanecer en la situación actual, en la que el que consulta se sienta más o menos seguro, en vez de correr riesgos durante un tiempo que promete incertidumbre.

Las parejas de enamorados también tienen una sensación de inseguridad y de desconfianza, en particular en asuntos relacionados con su futuro en común. Aflorarán algunas cosas que ignoran respecto uno del otro y esto ocasionará que el que consulta piense dos veces sobre la calidad de la relación, lo que le creará confusión.

También debe tenerse cautela respecto a todo lo relacionado con asuntos de salud, ya que el sentimiento de inseguridad también importunará al que consulta en esta área. El año venidero puede traer un problema vinculado a la salud del que hace la consulta, o de manera alterna puede afectar a alguien cercano a él o a algún ser muy querido por él, como al consorte, a un hijo, o a uno de sus padres.

Como mencionamos con anterioridad, el problema no podrá ser resuelto en el próximo año, por lo que tampoco es aconsejable tomar decisiones drásticas. Si está relacionado con una cirugía y el que consulta duda respecto al éxito de la misma, será preferible que la posponga. Lo mismo procede en lo relativo a medicamentos, si hay incertidumbre acerca de una medicina, el que hace la consulta deberá evitar tomarla. La palabra clave que debe acompañar al que solicita orientación, durante el transcurso del siguiente año, es: "confianza". Deberá confiar, además de en su juicio y su intuición, en cualquier elemento que pueda proporcionarle información confiable y segura y apegarse a lo que es fidedigno.

Cuando el número 1 cae en el segundo segmento

El futuro inmediato ofrece al que consulta buenas oportunidades en todo lo concerniente al dinero y a las finanzas. Una inversión le producirá utilidades a gran escala. Puede estar bastante confiado de que toda decisión que tome en los negocios será la correcta y lo colocará en el camino seguro. Después de mencionar esto, el que consulta debe saber que la posibilidad de volverse rico y de obtener ganancias en el futuro próximo estará en proporción directa a su capacidad económica actual. En otras palabras, si el que hace la consulta es muy acaudalado, puede esperar enormes ganancias a grande escala. Ganará muchísimo dinero y se volverá mucho más rico. Si el que consulta no es rico y su situación financiera está dentro de un término medio, su condición, sin lugar a dudas, mejorará, pero no llegará a alcanzar grandes riquezas. Sin embargo, debe estar consciente de que su situación se superará de manera considerable, aunque no se trate necesariamente de grandes cantidades de dinero.

El dinero que recibirá quien hace la consulta, le permitirá implementar un plan que ha estado maquinando durante mucho tiempo, ya sea una inversión importante, un largo viaje al extranjero, o la compra de un departamento o un carro nuevo. El nivel social del que consulta subirá desde el punto de vista financiero, pero debe calcular sus acciones de manera sensata, porque "el dinero fácil así como viene se va". Si el que consulta no tiene experiencia en asuntos financieros, es aún más imperativo que piense varias veces antes de cada inversión que realice. Si no está seguro, deberá consultar con personas que conocen la clase de inversión que piensa hacer, bien sea un automóvil, bienes raíces, o alguna otra inversión financiera.

Será una buena idea que el que consulta involucre a su pareja en sus decisiones, ya que las decisiones que vaya a hacer respecto al dinero que recibirá también afectarán, en alto grado, tanto a su consorte como a su vida familiar. Es saludable tomar decisiones juntos para evitar conflictos en el futuro y para que quien consulta esté satisfecho con respecto a la inversión que está por efectuar. *

* El segundo segmento, según Chantal (véase el comentario en la página 20) se refiere al área financiera.

Cuando el número 2 cae en el segundo segmento

Esta combinación indica que el éxito financiero del que consulta depende del grado de la amistad que lleve con la persona que está relacionada con su dinero. El éxito material y económico sólo se puede lograr si el que consulta trabaja de manera conjunta con esa persona y se asegura de que la relación es en realidad estable y se basa en la confianza mutua.

Si el que solicita orientación tiene relaciones comerciales con un socio, la naturaleza de la sociedad puede ser, ante todo, lo que determine el alcance de su logro económico. También debe confiar en gran escala en su socio y fomentar la confianza mutua y las relaciones interpersonales entre ellos.

El auge económico que involucre grandes sumas de dinero también puede provenir de otra fuente, no necesariamente del trabajo asiduo del que consulta. El origen puede ser su familia, es decir, que sus padres o algún pariente le proporcione fuertes sumas de dinero. También en este caso, depende de la naturaleza de su relación con ese miembro de la familia y en el grado de su estabilidad. Mientras más hábil sea el que consulta al crear relaciones confiables y estables con la persona de la que dependa la procedencia del dinero, más se asegurará que él será en realidad el receptor.

Otra forma factible en la que el que consulta puede hacerse de alguna suma fuerte e inesperada de dinero, es a través de una herencia.

No es tiempo de "andar tras del hueso" con miembros cercanos de la familia, en especial con los ancianos. El testamento de uno de ellos le ha legado una gran cantidad de propiedades o una suma considerable de dinero, pero como ya lo mencionamos, esto depende de la calidad de su relación con el pariente.

El ordenar los asuntos y terminar con conflictos y altercados que hayan surgido en la familia, no sólo llevará a aclarar malentendidos, sino también, en última instancia, resultará benéfico para el que consulta así como para la familia.

Cuando el número 3 cae en el segundo segmento

El futuro próximo se caracteriza por la prosperidad en todo lo que esté relacionado con el mundo económico y financiero. Si el que consulta ha trabajado arduamente, ha invertido dinero o ha hecho cualquier otra clase de transacción, está por obtener el máximo de su inversión. Esto no se manifestará en otra transacción favorable, sino será en una proporción que el que hace la consulta nunca antes había experimentado. Será como una especie de "triunfo": un triunfo sobre sus competidores o una conquista personal de una etapa de mala suerte.

El éxito financiero que se anticipa, puede también estar vinculado a las apuestas, pero en ese caso, el que consulta tiene que ser un jugador compulsivo o una persona que lo hace con relativa frecuencia. Dicha persona puede obtener grandes sumas de dinero que adquirirá como resultado de algún juego de azar.

Si el que hace la consulta es aficionado a los juegos de azar, el tipo de persona que lleva el juego por dinero en sus venas, ahora es tiempo de ir a los casinos, ya que de ahí vendrá su gran logro, que según parece, involucra sumas de dinero como nunca antes se hubiera podido imaginar.

Esto no sucederá a una persona que no suela jugar por dinero, ni ir a casinos ni tampoco comprar billetes de lotería de todo tipo, aunque lo haga por esta única de vez.

Por el contrario, no sería extraño que esa persona adquiera una ganancia considerable o alguna suma fuerte de dinero al apostar con otra persona. Aunque el que hace la consulta no tenga el hábito de jugar por dinero con otras personas en asuntos cotidianos, como sería el apostar al equipo ganador de la Copa Mundial, o simples apuestas entre amigos, esta vez puede ganar un desafío importante que involucre grandes sumas de dinero.

Esta combinación puede ser, en lo particular, saludable, pues existe un encanto especial al ganar dinero al azar que no se puede ignorar.

Cuando el número 4 cae en el segundo segmento

El que consulta puede esperar una decepción en asuntos financieros. Esto no necesariamente implica una quiebra financiera o una fuerte pérdida monetaria. La desilusión puede acontecer en diversas áreas que se suponía que le traerían ingresos al que hace la consulta. Puede presentarse como una expectativa frustrada con respecto a su trabajo, como un ascenso en cuanto a puesto y sueldo. Puede sentir desacierto a causa de alguna mala inversión, una que no le produjo los resultados deseados. Puede estar anhelando heredar una suma de dinero o recibir algún otro usufructo que se debía compartir entre la familia, y no fue así.

El desengaño no será necesariamente significativo y el que consulta no debe predisponer su mente para sorpresas desagradables. Debe estar consciente de que puede esperar una desilusión financiera, pero no debe pensar que será una decepción que llegue al punto de que se hunda en un estado de sobresalto.

La desilusión que se espera jugará un papel en su vida que lo fortalecerá en el futuro frente a caídas semejantes. Para él, este desacierto será un aprendizaje constructivo y las lecciones que saque de éste le serán de utilidad en el futuro, ya que lo ayudarán a salir adelante de situaciones difíciles.

Recibirá mucho apoyo de parte de las personas que lo rodean, en especial su familia inmediata, aprenderá a valorar a su familia y la calidez y sensación de seguridad que le brindan.

A pesar de la dificultad que le aguarda desde el punto de vista financiero, aprenderá a enfrentar la situación diferente en la que se encuentra y se comportará como una persona más prudente con una mayor experiencia de la vida. Esto le será de utilidad en el futuro.

Cuando el número 5 cae en el segundo segmento

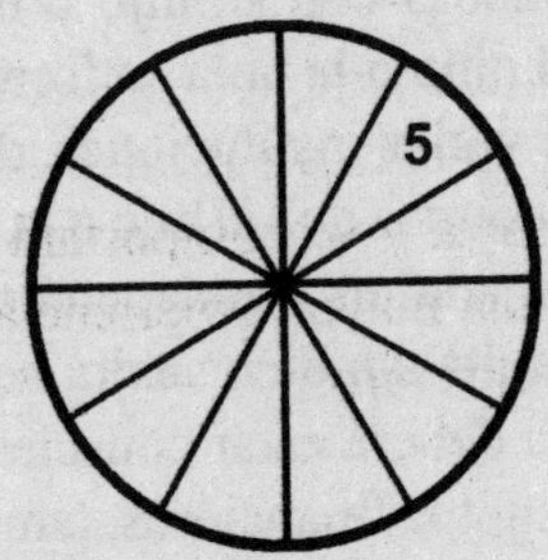

El que consulta puede descansar tranquilo en todo lo concerniente a asuntos financieros. Esta combinación augura que el futuro cercano brillará de manera favorable en este aspecto, y que el que hace la consulta puede esperar recibir buenas noticias respecto a dinero.

Las buenas nuevas pueden provenir de una llamada telefónica de parte del gerente del banco informándole de una utilidad financiera, o de muchas otras formas, tales como una gratificación inesperada para la que se le consideró elegible, o algún plan de ahorro que llegó a su fecha de vencimiento y que comprobó que le rindió muchos más intereses de los que esperaba, etc.

Si el que hace la consulta es casado, las buenas noticias referentes a los asuntos financieros pueden venir también del lado de su pareja. La suma de dinero que se supone le llegará inesperadamente en el futuro próximo puede estar vinculada a cualquiera de los dos. Puede ser su cónyuge quien sea la persona elegida para recibir las sumas especiales de dinero, gratificaciones de su trabajo o algún proyecto especial en el que él o ella estaban involucrados. De cualquier manera, el que consulta podrá disfrutar de estas sumas de dinero junto con su pareja.

Si el que consulta es el padre o la madre, las sumas de dinero que puedan llegar sin esperarlas en poco tiempo, podrían estar relacionadas con su hijo o hija. Es posible que estén a nombre del niño o la niña en forma de algunos donativos especiales de varias instituciones, de una herencia o de alguna gestión económica que el hijo o la hija realizaron, asumiendo que ya son adultos e independientes y de lo que el que solicita la consulta también saldrá beneficiado.

El que consulta deberá estar consciente de que la buena nueva respecto a asuntos financieros, también puede venir de lejos. Si está involucrado en algún proyecto fuera de su país, o es socio de alguna empresa especial en el extranjero, la buena noticia puede provenir de esta inversión extranjera. Después de dejar asentado esto, también debe tomar en consideración una suma de dinero procedente de algún tipo de herencia de algún pariente que vive fuera del país.

Cuando el número 6 cae en el segundo segmento

Todo lo concerniente a asuntos financieros en el futuro próximo está rodeado de incertidumbre. El que consulta tiene que estar consciente de la imprecisión en esta área. Debe sopesar con mucho cuidado cada movimiento que esté vinculado con estos asuntos, y no emprender nuevos proyectos cuando no sepa lo que ese día le deparará. No es el momento adecuado para realizar inversiones. Aunque el que consulta cuente con dinero extra, deberá esperar un poco antes de tomar decisiones respecto a la forma de invertir. Es preferible aguardar hasta que pase la tormenta y a que transcurra el periodo de incertidumbre, en lugar de apostar en alguna inversión que no esté clara ni sea segura, lo que en realidad significaría colocar dinero en un negocio arriesgado.

También existe incertidumbre en cuanto al destino de las inversiones que ya ha efectuado. No es aconsejable retirar dinero que se haya invertido en planes de ahorro ni de decidir terminar un proyecto, tampoco de iniciar una nueva propuesta hasta que la circunstancias se tornen más definidas.

Si nos referimos a una persona que no tiene idea del manejo de sus asuntos financieros, estos factores cobran mayor validez. Una persona que necesita ayuda profesional para manejar sus negocios, no debería de involucrarse en lo más mínimo en lo que se relacione con dinero que pueda tener a su disposición en el futuro inmediato. Una opinión incorrecta o inadecuada puede poner en peligro su capital.

Si el que hace la consulta maneja él mismo sus asuntos financieros y tiene experiencia en asuntos económicos y negocios, debe evitar, en el futuro próximo, tomar decisiones en asuntos financieros, ya que lo invadirá la duda respecto a la conducta que debe seguir. Será mejor que se espere hasta que obtenga más información y esté seguro de que las medidas a seguir son, en un cien por ciento, las correctas.

Cuando el número 1 cae en el tercer segmento

Esta combinación sugiere que el futuro inmediato alberga para el que consulta buenas nuevas y augurios positivos, en especial en todo lo que se refiere a viajes largos o a una estancia prolongada en el extranjero. Es posible que la etapa que está por llegar traiga cambios en el lugar de trabajo. Es posible que quien hace la consulta sea enviado junto con su familia, a alguna comisión en el extranjero. Esto no necesariamente implica que el trabajo será el que en la actualidad realiza. El periodo que empieza bien puede traer giros profesionales y de otro tipo que harán que quien consulta cambie de trabajo y sea enviado, en su nuevo empleo, a una estancia prolongada en el extranjero.

Esta combinación también sugiere la posibilidad de que el que hace la consulta pueda esperar con interés un viaje largo que no forzosamente esté relacionado con su trabajo, sino más bien con unas vacaciones planeadas o algún viaje que ahora esté haciendo. Si el que consulta siempre había deseado ir a un viaje largo a lugares exóticos, esto puede hacerse realidad en el futuro próximo y podrá llevar a cabo sus planes y sueños respecto a un viaje de ese tipo. El número 1 en los dados indica que están por acontecer cosas positivas y que el que consulta bien puede tener la suerte necesaria para recibir una subvención financiera en el futuro próximo. Ésta le permitirá realizar sus planes relacionados con un viaje largo que deseaba emprender.

Aun cuando el que hace la consulta no haya hecho planes para ir de viaje y no esté enterado de ninguna gestión de trabajo que pueda serle confiada, esta posibilidad existe dentro del marco de "un sueño que puede hacerse realidad". Si el que consulta siempre soñó con poder vivir en otro país por un periodo prolongado, con el único objetivo de experimentar otra clase de vida o de tomar un descanso de las presiones excesivas bajo las que con frecuencia vive, con toda seguridad le será posible hacerlo en el futuro inmediato, aunque no tuviera planes al respecto. Algo sucederá muy pronto que cambiará su mundo y le permitirá emprender una "aventura" con la que soñó toda su vida.

El que consulta debe asegurarse de que si obtiene una suma considerable de dinero en el futuro próximo o si puede hacer realidad su sueño de emprender un largo viaje de algún otro modo, deberá hacerlo, según le indican los dados, y no posponerlo para otra ocasión. Debe vivir en el presente, disfrutar lo que tiene ahora y no postergarlo para el futuro. *

* Según Chantal, el tercer segmento se refiere al área de los viajes.

Cuando el número 2 cae en el tercer segmento

En el futuro próximo, quien hace la consulta viajará a lugares distantes y aunque no lo haya proyectado, es muy posible que esté en perspectiva la propuesta de un viaje largo. Una gira de este tipo bien puede resolver muchos problemas relacionados con el que consulta, pero no sucederá si éste no establece una relación amistosa con una persona que está asociada con él en lo que respecta a este viaje.

Si el viaje al extranjero está vinculado con el negocio o el trabajo del que consulta, éste debe examinar, de manera minuciosa, la clase de relación que lleva con su socio o con su compañero de trabajo. La oportunidad de oro que le brinda un viaje de esta naturaleza, puede llevarse a cabo o fracasar en base a la clase de nexo que lleve. Mientras más estable sea la relación que el que consulta tenga con la persona con quien deba estar en contacto, mayores serán las posibilidades de que un viaje de esa naturaleza se materialice.

Si el viaje no está relacionado con los negocios, dependerá de las relaciones interpersonales que existan entre el que consulta y una persona muy cercana a él con la que hará el viaje. El que solicita orientación debe asegurarse de que ha hecho todo lo posible por mantener una buena relación con esa persona, lo que a la larga lo beneficiará. Sólo las relaciones estables, las que se fundamentan en la confianza mutua y en una completa honestidad, le permitirán disfrutar su estancia prolongada en el extranjero, ya sea un viaje de trabajo, un viaje largo o una residencia temporal en otro país.

Cuando el número 3 cae en el tercer segmento

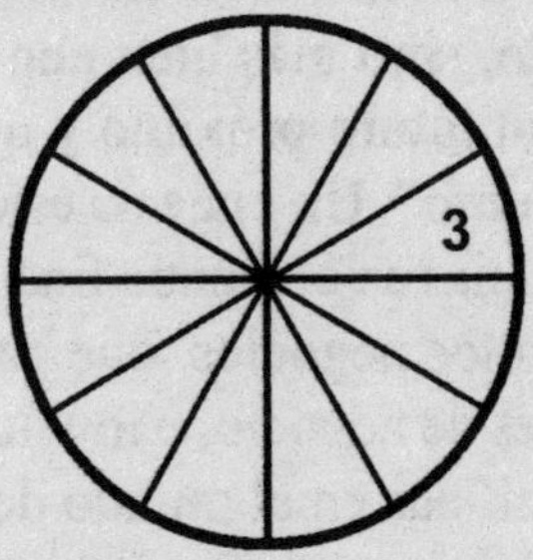

Un "triunfo" del que consulta lo conducirá a hacer un viaje largo, uno que ha estado fraguando durante mucho tiempo. Es posible que el que hace la consulta se saque la lotería o algo semejante, por lo que recibirá una suma considerable de dinero. La combinación de los dados indica que podrá decidir gastar esta suma de dinero, o parte de ella, en un viaje largo que incluirá recorridos turísticos y vacaciones. Puede seleccionar entre un destino específico en el extranjero o un viaje en su propio país y concederse el gusto de pasar periodos prolongados en hoteles de lujo, algo que nunca podría haber hecho sin esas ganancias.

El "triunfo" que sugieren los dados, también puede referirse al campo de las inversiones financieras que le producirán excelentes dividendos. Si éste es el caso, el que consulta también deseará utilizar las ganancias para irse de vacaciones y emprenderá un viaje largo o pasará un periodo prolongado en algún lugar lejano.

Después de haber asentado esto, el "triunfo" que se relaciona con un viaje a lugares distantes y su estadía prolongada ahí, tiene otro significado. El que consulta puede ganarle a otros candidatos en su lugar de trabajo y ser enviado a realizar alguna tarea en el extranjero.

También lo contrario puede ser cierto, tal vez no sea el "triunfo", es decir la suerte en la lotería, la inversión exitosa, o el haber superado a otros candidatos, lo que lo lleve a hacer un viaje prolongado, sino más bien uno que quien consulta puede esperar en un futuro próximo y que le proporcionará alguna clase de "triunfo". Un viaje de este tipo puede proporcionarle buenas noticias en el mundo financiero: un viaje cuyo único objetivo sean los negocios, que ha sido diseñado para establecer relaciones de negocio, o involucrar al que consulta en iniciativas específicas en el mundo de los negocios y que le darán el fruto del "triunfo". También puede ser que el sentimiento de "triunfo" sea interno y que un viaje a lugares que son de manera especial peligrosos, exóticos o difíciles, le proporcionarán al que consulta un sentimiento de "lo logré, fui capaz de superar los obstáculos y ganar la batalla". Esto se puede manifestar también en circunstancias que en apariencia son insignificantes, como cuando una persona que experimenta un miedo inconsciente a viajar en avión, emprende un vuelo largo y se las arregla para vencer el temor. Desde su punto de vista, éste será un "triunfo" importante.

Cuando el número 4 cae en el tercer segmento

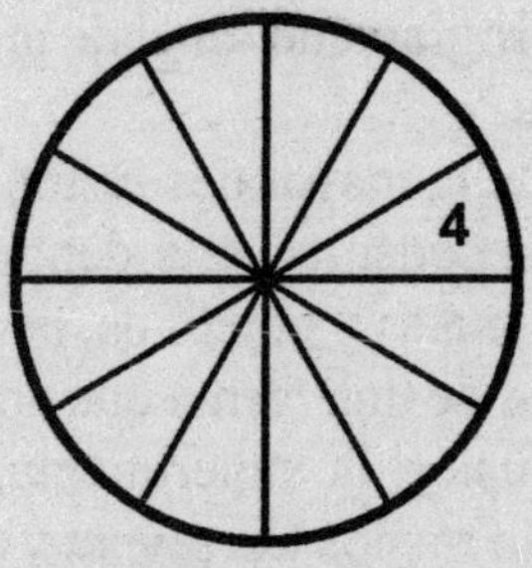

Los dados predicen desilusión al hacer un viaje juntos, cuando uno de los dos depende del otro. El que solicita orientación puede, con toda probabilidad, esperar desencanto debido a un viaje a un lugar distante, o por el contrario, un viaje largo puede ocasionarle decepción y fuertes desencantos. De cualquier modo, el que hace la consulta debe estar preparado para afrontar situaciones difíciles que ocasionarán que se sienta desilusionado, ya sea por el viaje o como resultado de éste.

Un viaje que se consideró con anticipación trae consigo ciertas desilusiones y la persona debe estar preparada para aceptarlas. La decepción puede presentarse antes de iniciar el viaje, aunque también puede ocurrir durante o como resultado del viaje.

El desencanto puede estar relacionado con un número de factores:

a) Decepción respecto a sus compañeros de viaje, lo que puede deteriorar todo el placer del viaje.

b) Desilusión en lo que concierne al aspecto técnico del viaje, como problemas monetarios que se le puedan presentar durante el viaje, problemas al tramitar la visa, o contratiempos para encontrar el transporte que es de su agrado. Todo esto puede ser causa de contrariedad y puede estropear el placer del viaje.

c) Decepción para el que consulta, respecto al destino final del viaje, bien sea que vaya a pasar mucho tiempo en un lugar, o que tenga programado un viaje prolongado que abarque muchos lugares.

d) Es posible que la mayor desilusión que pueda sufrir la persona que hace la consulta, esté dentro de él mismo, por ejemplo, si se trazó metas y objetivos, pero no pudo realizarlos, o si se comportó de una forma que no es típica en él, etc. Esta clase de desilusión la experimenta, por lo general, la persona que es por lo menos tan severa y crítica consigo misma como lo es con los demás.

Los viajes ponen a la persona frente a frente con experiencias que nunca antes había tenido y la obligan a manejar situaciones que antes le eran desconocidas. Es muy posible que el que hace la consulta no se sienta tan satisfecho, por expresarlo con suavidad, de la forma en que se comportó. Es muy probable que aprenda ciertas cosas sobre sí mismo, por ejemplo, que es propenso a sufrir ciertos temores, de cuya existencia estaba completamente inconsciente o que se comporta de una manera en extremo egocéntrica más allá de lo que él se imaginaba, etc. Una vez asentado esto, cada experiencia y cada decepción de sí mismo, le permiten familiarizarse con otra faceta de su personalidad. De esta manera, también tiene la oportunidad de salir adelante y aprender a mejorar su comportamiento y de "trabajar sobre sí mismo", de tal forma, que en última instancia, llegue a ser mejor como persona, tanto para consigo mismo como para todo su entorno.

Cuando el número 5 cae en el tercer segmento

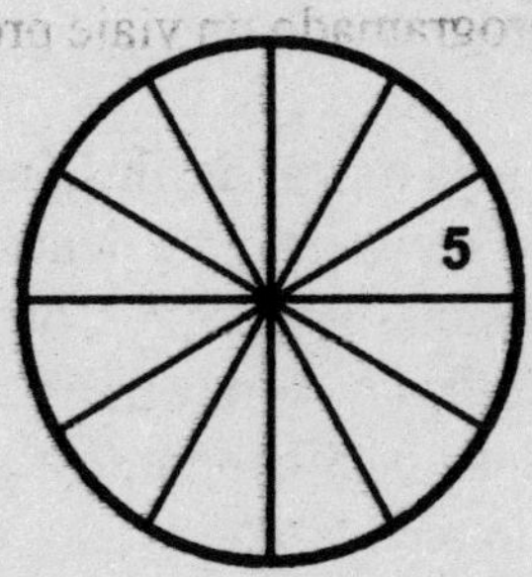

El que hace la consulta recibirá buenas noticias durante el curso de un viaje largo, antes de éste, o en un viaje prolongado que está por emprender; por lo que puede esperar tiempos felices en el futuro próximo.

Si el que consulta está haciendo planes para hacer un largo viaje y no le llegan las buenas nuevas antes de salir, las noticias positivas le llegarán en el trayecto. Es posible que debido a las buenas nuevas, el que consulta cambie, alargue o acorte su itinerario, pues el efecto de las buenas noticias será grandioso.

Puede ser que debido a lo prolongado del viaje y a los esfuerzos que éste implicó, si por ejemplo, se trata de un viaje de negocios, el que consulta recibirá buenas nuevas, fruto de sus esfuerzos.

El que hace la consulta debe saber que debido a que los asuntos se entrelazan y los resultados serán, sin duda alguna, positivos, debe ser lo suficientemente emprendedor como para implementar planes relacionados con un viaje prolongado. Debe sentirse seguro de que los dados predicen sólo cosas buenas respecto al viaje.

Cuando el número 6 cae en el tercer segmento

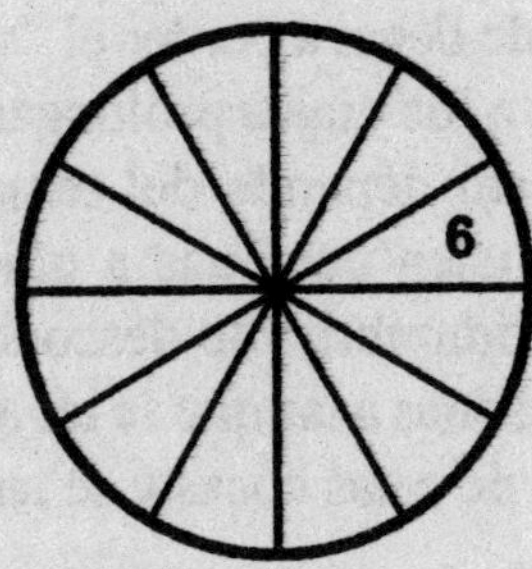

Un viaje prolongado que quien hace la consulta está considerando con anticipación, estará cargado de incertidumbre. El que consulta debe saber que a pesar de todos los esfuerzos anticipados que haya hecho para atender todos los detalles que este viaje implica, y a pesar también de todo lo que aprenda y sepa relacionado con lo que debe esperar durante el viaje, aún le esperan muchas sorpresas.

Ciertos pormenores estarán envueltos en bruma y no se despejarán hasta que ya haya emprendido el viaje y es posible que ni siquiera entonces.

A quien hace la consulta debe serle de capital importancia enterarse de todos esos detalles, pues sin duda alguna es un hombre de negocios y el viaje tiene que estar relacionado con su trabajo, o un hombre cuyo trabajo está vinculado de alguna otra forma con el viaje. Para estas personas, las pistas que proporcionan los dados son de gran importancia.

Sin embargo, las personas que están por emprender un viaje prolongado que no está relacionado con negocios, también deben tomar en cuenta que el viaje estará lleno de una cierta incertidumbre que puede estar relacionada con la meta final, con detalles técnicos vinculados con el viaje, o con alguna otra persona que se le unirá y viajará con él.

La "nube" de lo desconocido y la incertidumbre que acompaña al viaje, pueden estropearlo. Como consecuencia, el que hace la consulta puede llegar a perder el "sabor grato" que por lo general se asocia a los viajes prolongados.

Sin embargo, esto depende del temperamento del que consulta, ya que existen personas a quienes les fascina la emoción de la incertidumbre y lo desconocido.

Estas son las personas a las que se les acelera la adrenalina como consecuencia de estas cosas y se lanzan hacia la aventura.

Si el que hace la consulta es una persona de esta clase, sabrá sacar algo positivo de la situación y casi podría decirse que disfrutará aún más el viaje en perspectiva, precisamente porque lo acompaña un sentimiento de incertidumbre.

Cuando el número 1 cae en el cuarto segmento

Al que hace la consulta le ha llegado una etapa buena en todo lo relacionado con el hogar, una que vaticina buenas nuevas y signos positivos. En el futuro próximo, consolidará su relación con los miembros de su familia y se involucrará aún más en los asuntos que les conciernen. Esto es cierto, de manera especial, en todo lo relacionado con sus hijos.

Si el que consulta no tiene su propia familia, estará reforzando los vínculos con sus padres y parientes. La apertura, que no era necesariamente la característica que distinguía a su familia con anterioridad, se hará evidente y todo esto hará que, para el que consulta, surjan cosas positivas en todo lo concerniente a asuntos familiares. El estado de ánimo de los miembros de la familia, no sólo será más sereno, sino que vendrán además acontecimientos positivos que le traerán la felicidad al que consulta y a las personas que lo rodean. La mejoría en el estado de ánimo reforzará la autoestima de cada uno de los miembros de la familia y la fe en sus capacidades; como resultado, desplegarán potenciales superiores hasta obtener grandes logros en casi todas las áreas.

Esto quedará manifiesto en varios campos de acción. Los hijos del que hace la consulta, mostrarán, en el futuro próximo, capacidades impresionantes en todo lo que tenga que ver con sus estudios o su empleo, el que consulta y su pareja se mostrarán satisfechos, tanto de los logros de sus hijos como de sus capacidades y desempeño; en ambas partes, el efecto positivo será mutuo y fecundo.

El perfeccionamiento de la familia y el enorme progreso en todos los caminos de la vida, traerán a sus miembros una gran felicidad y autorrealización, y por supuesto, el que hace la consulta estará en primer plano.*

*Según Chantal, el cuarto segmento se asocia con el hogar y la familia.

Cuando el número 2 cae en el cuarto segmento

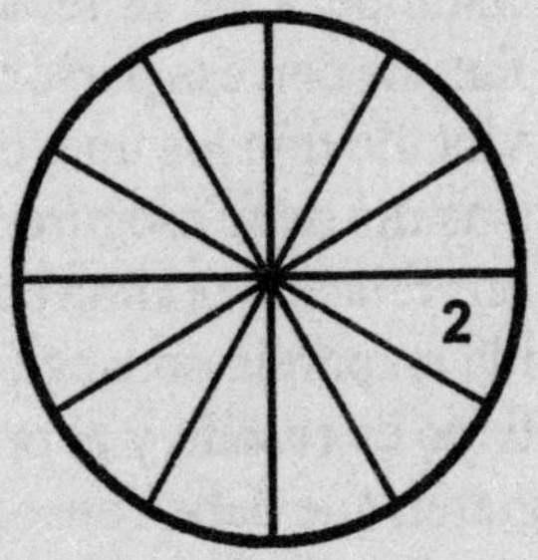

En el futuro próximo, en todo lo que concierne a asuntos familiares, la relación del que hace la consulta con su cónyuge puede ser precaria. Si quien consulta está casado y tiene una familia, deberá mostrar apertura y comprensión profunda hacia la persona con la que comparte su vida.

En este momento, esto es más importante que nunca, ya que la familia y el hogar están pasando por una etapa de crisis o cierto periodo de transición. Es posible que el "agotamiento" proveniente de la intensidad de vida que se lleva en el nuevo milenio, junto con el paso acelerado de la misma, han deteriorado al que hace la consulta y a su propia vida familiar. El no pasar suficiente tiempo con los miembros de la familia, no prestar la atención adecuada a lo que les sucede, o hacer caso omiso de sus necesidades, puede conducir al debilitamiento de la unidad familiar y algunas veces a su total destrucción. El que hace la consulta debe cuidar la relación con su compañero o compañera de vida. Debe invertir en la relación y si es necesario, volver a consolidar la unión con su pareja: prestar atención a sus necesidades, dedicar un tiempo especial y sin interrupción para estar con su cónyuge, a fin de que se vuelva a entablar un verdadero diálogo entre ellos y se puedan renovar sus lazos afectivos. Sólo de esa manera podrá florecer y prosperar la unidad familiar.

Si el que hace la consulta no es casado pero tiene una compañera, las afirmaciones anteriores también se refieren a él. Debe revisar la naturaleza de la relación con su pareja antes de formar una familia con esa persona. El grado de lealtad y sinceridad del vínculo que los une, definirá el futuro de su relación. El que consulta debe asegurarse de que ha hecho todo para establecer una relación óptima con su cónyuge. Sólo de esta manera su vida en pareja conseguirá su propósito.

Si el que consulta no es casado y al presente no tiene pareja, los dados le sugieren que debe consolidar la confianza y la cercanía entre él y aquellos que lo rodean, sus padres y parientes, para poder crear un ambiente sano y auténtico en todo lo que se refiera a asuntos familiares. Esto es aún más valedero si ya no vive con sus padres. Ahora debe tener mucho cuidado con todo lo que se refiera a la relación con sus padres, ya que si no la conserva, ésta se debilitará con el tiempo.

Debe estar consciente del hecho que es muy importante para él estar al tanto de lo que les sucede a sus padres. Debe llamarlos con frecuencia y mostrarles que aunque esté lejos, piensa en ellos y todavía son tan importantes para él como cuando estaba viviendo en casa. Mientras más se esfuerce por mantener vínculos sanos y estrechos con sus padres, mejor le irá en todas las áreas de la vida. Estará en paz consigo mismo y tendrá más seguridad en su persona. Si está satisfecho de sí y de su conducta, las personas que lo rodean se relacionarán con él de igual manera. Esto le facilitará tener éxito en los diversos caminos de la vida.

Cuando el número 3 cae en el cuarto segmento

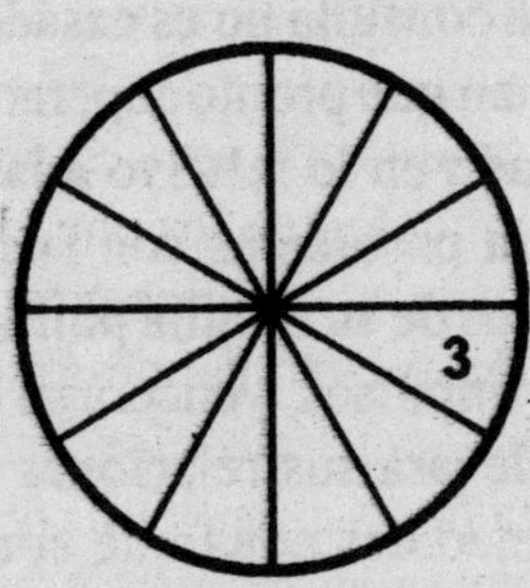

En el futuro próximo, el que hace la consulta percibirá un sentimiento de triunfo en todo lo que esté relacionado con asuntos familiares y domésticos. Su enorme inversión en años está a punto de dar fruto.

Si el que consulta es casado y tiene una familia, esto puede expresarse en un sentimiento de triunfo que se origina en el orgullo que le proporciona la inversión hecha en la educación de sus hijos.

Es posible que la fuente de las buenas nuevas, que conducirá al sentimiento de "triunfo" del quien hace la consulta, se encuentre en uno de sus hijos quien alcanzará logros impresionantes en los estudios o en su trabajo.

La pareja del que hace la consulta también puede producirle un sentimiento de triunfo como resultado de logros extraordinarios en los que él participó. Los sentimientos de éxito y de satisfacción también pueden ser el resultado de una inversión inteligente en el momento de comprar su casa.

Si el que consulta no es casado y no tiene hijos, pero tiene una compañera, los dados le pronostican el triunfo en todo lo concerniente a asuntos de bienes raíces. Una inversión que hizo o supuestamente hará relacionada con la compra de una casa o departamento para empezar a vivir con su compañera, resultará ser una inversión "lucrativa", lo que le traerá mucho beneplácito.

Si el que hace la consulta no es casado ni tiene compañera, los dados vaticinan que pronto superará los problemas que ha tenido en el pasado en lo relativo a la familia y a asuntos domésticos. Si tenía problemas con sus padres, hermanos, hermanas o miembros de su familia política, estos se resolverán. Controlará sus impulsos, vencerá su enojo, se remontará sobre sí mismo y llevará sus relaciones interpersonales por buen camino. Las medidas que tome al respecto le producirán un sentimiento interior fuerte y sano, propio de quien ha conseguido vencerse a sí mismo, por lo que experimentará una sensación de "triunfo". Las personas que lo rodean admirarán el camino que ha escogido y los esfuerzos que ha hecho y esto preparará el terreno para una nueva forma de vida.

Cuando el número 4 cae en el cuarto segmento

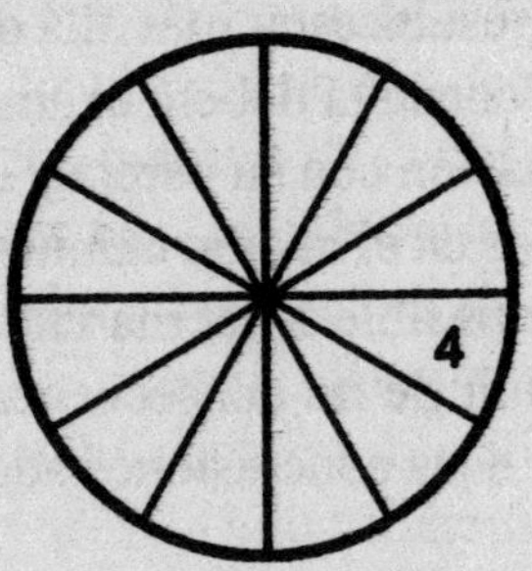

Esta combinación de los dados sugiere que el que hace la consulta puede esperar pronto algunas desilusiones en asuntos de familia y del hogar. La decepción puede estar relacionada sólo a asuntos del departamento o de la casa y puede involucrar preocupaciones técnicas. Si el que consulta vive en un edificio relativamente antiguo, es posible que haya problemas en la estructura que se derivan de una plomería ya gastada, oxidada, etc.

En tal caso, el que consulta debe estar preparado para el gasto inesperado de una considerable suma de dinero para poder hacer las reparaciones que sean necesarias. Si no puede reparar el daño con el dinero que ahorró para tiempos de apremio, deberá solicitar préstamos que no estaban en sus planes. Tal vez tenga que apretarse el cinturón en el futuro próximo para financiar el gasto inesperado.

Esto puede tomar la forma de una promesa no cumplida, de esperanzas frustradas, en especial con respecto a sus hijos, o en la confianza que depositó en uno de los miembros de la familia y que lo decepcionó, etc.

Es posible que el desencanto más severo que pueda tener el que hace la consulta, venga de su compañera. Ya sea que el que hace la consulta esté casado o viva con su pareja, puede esperar un amargo desengaño desde esa dirección. La desilusión también puede originarse de alguna expectativa de parte de su consorte que resulta estar más allá de sus posibilidades. En tal caso, el que consulta deberá examinar a conciencia la naturaleza de la relación con su pareja y decidir si es factible que continúen juntos en el mismo camino. Si la desilusión es muy grande, y es imposible echar marcha atrás, el que hace la consulta no debe huir de las consecuencias, aunque esté casado, y debe llegar a las conclusiones adecuadas.

Cuando el número 5 cae en el cuarto segmento

El que hace la consulta recibirá muy pronto buenas noticias en todo lo que se refiere a asuntos familiares. Quedará satisfecho con logros que están vinculados a una inversión en la casa o a miembros de su familia.

Las noticias relativas a su hogar incluirán bienes raíces. Serán alusivas a la naturaleza de la inversión que hizo al comprar o vender la casa. Algunas buenas nuevas relacionadas con inversiones prudentes animarán al que hace la consulta y mejorarán el ambiente en el hogar, así como su saldo bancario.

Es posible que las buenas noticias no se refieran a su hogar, sino más bien a su familia inmediata o a parientes cercanos. Estarán relacionadas con logros especiales de algún miembro de la familia. De manera alterna, le llegarán noticias inesperadas de algo favorable e importante concerniente a uno de los miembros de la familia.

Es posible que el que hace la consulta reciba buenas nuevas conectadas con su trabajo. Si es empleado de nómina, es casi seguro que implique un ascenso y un aumento considerable de su sueldo. Si es el dueño de la empresa, las buenas nuevas pueden referirse al progreso de la misma: se le abrirán nuevos conductos de inversión, o tal vez tenga la oportunidad de ampliar su negocio, etc.

Es posible que le lleguen buenas noticias en los concerniente a sus asuntos personales que estén vinculados con su hogar o con sus parientes cercanos. Por ejemplo, puede tratarse de un viaje al extranjero con su familia por un tiempo prolongado, algo con lo que soñaba pero que hasta ahora no había podido realizarlo; también es probable que la buena nueva se refiera a asuntos de ingresos, que atañerán no sólo al que hace la consulta sino a las personas que lo rodean. En este caso, su condición social y económica sufrirá un cambio considerable, por supuesto para mejorar.

Cuando el número 6 cae en el cuarto segmento

Es posible que en el futuro próximo, el que hace la consulta se encuentre en una situación de incertidumbre respecto a asuntos familiares. Esto puede estar vinculado a un negocio que hizo y que delimitará el destino del hogar y del que no ha recibido información concreta. Sin embargo, también puede ser incertidumbre sobre algo que se refiere al que consulta y a los miembros de su familia.

Ciertas decisiones relacionadas con su futuro, como estudios, capacitación profesional en alguna otra área o un cambio de casa, no obtendrán respuesta en el futuro próximo. Tendrá que ser paciente hasta que pase el periodo de incertidumbre. Por lo general, las demoras tendrán su origen en problemas técnicos que toma tiempo resolver, pero que eventualmente se resolverán. El que hace la consulta puede estar seguro de que la etapa problemática que le ocasiona incertidumbre, tensión y nerviosismo, pasará pronto.

En el futuro próximo, el que hace la consulta y los miembros de su familia, pasarán por un periodo de incertidumbre, sobre todo en el área de la salud. Si el que consulta tiene hijos, es casi seguro, como lo predicen los dados, que esté a punto de pasar por una etapa difícil de incertidumbre respecto a la salud de uno de sus hijos. Si no es casado, se encontrará en una situación semejante relacionada con uno de sus padres, quien pasará por un periodo incierto en lo relativo a su estado de salud. Al final de esta etapa, que no será fácil ni para el que consulta ni para su familia, vendrá un tiempo de paz que será motivo de consuelo para él.

Cuando el número 1 cae en el quinto segmento

Esta combinación se refiere a la situación actual del que hace la consulta e indica también una etapa buena y alentadora en el futuro. Los días venideros traerán buenas nuevas. Todo saldrá bien. Si el que hace la consulta estaba pasando, hasta hace poco, por una etapa de tensión, estrés y nerviosismo, puede estar confiado de que ahora tendrá un tiempo de calma que le devolverá su paz mental acostumbrada. Los problemas con su pareja que parecían no tener solución, se resolverán con gran facilidad. El estado de ánimo del que consulta será positivo, lo que le facilitará hacer algunas cosas que había estado posponiendo durante mucho tiempo. Tendrá éxito al realizar las metas que se había fijado y ahora será más productivo y eficiente.

Aunque se haya visto involucrado en alguna polémica o pleito con amigos, socios comerciales o compañeros de trabajo, el sosiego y tranquilidad que ahora maneja, le ayudarán a solucionar esas situaciones nocivas. Se disiparán los sentimientos de tensión, ansiedad, confusión o miedo y el que hace la consulta se dará cuenta de que ahora, más que nunca, tiene una mayor confianza en sí mismo y en sus capacidades. En los días por venir, recibirá señales alentadoras en todo lo que concierne a asuntos de amor y de romance. Una persona con la que quiere entablar relaciones amistosas, cederá con facilidad. Esta etapa es muy buena para iniciar vínculos románticos. Cada paso que dé será el correcto y tendrá éxito. Si está en los planes del que consulta el casarse con su pareja y todavía no se lo propone, ahora es el tiempo para hacerlo. En este momento tiene excelentes posibilidades de que su pareja acepte la proposición.

También en el área de la salud, los días por venir le traerán signos reconfortantes: el que hace la consulta, quien en este momento está de muy buen talante, se sentirá más saludable que nunca y esto se manifestará tanto en su rostro como en su cuerpo. Se ve mejor que nunca y lo irradia hacia el exterior. Las energías positivas que despliega, producen efecto en las personas que lo rodean, quienes se relacionan con él de manera semejante, es decir, de forma positiva. Si el que consulta continúa de esta manera, su futuro será prometedor. Atraerá otras situaciones positivas.*

*** Según Chantal, el quinto segmento está relacionado con el área del potencial personal.**

Cuando el número 2 cae en el quinto segmento

Hoy en día, al que hace la consulta se le presenta una oportunidad de oro en su vida. Esta situación puede involucrar varias áreas: el hogar, la familia, el trabajo, la salud, etc., sin embargo, la estrategia para sacarle provecho a esta oportunidad depende de una relación amistosa estable con una persona que está muy cercana a él. Si la relación resulta estar basada en la honestidad, la sinceridad y la verdad y no le falla, los días por venir le traerán grandes logros que él ha estado esperando en un área en particular.

Ahora se presenta la verdadera prueba de un amigo, ya que el éxito depende totalmente en la índole de la relación con él. Quien hace la consulta tiene un papel considerable en todo lo que se refiera a establecer este vínculo. Si el éxito no llega y el que consulta se desilusiona, no tendrá a quien culpar sino a sí mismo y a su amigo. Ya que hablamos del presente y no de un éxito a futuro, el que consulta no tiene tiempo de reparar lo que se necesita remediar ni de mejorar la relación. Lo que ahora prevalece determinará el porvenir del éxito que está esperando para los próximos días.

Cuando el número 3 cae en el quinto segmento

Los dados indican que el que hace la consulta está ahora en una de las etapas importantes de su vida. Percibe una profunda sensación de triunfo, y este sentimiento, que lo inunda de una gran confianza en sí mismo, influenciará en gran medida su vida futura.

La sensación de "triunfo" puede referirse a logros considerables en asuntos financieros. Si el que consulta consigue superar los obstáculos que se le presenten en el camino para poder realizar sus metas, puede interpretarlo como su "triunfo". También si vence a sus compañeros de trabajo en cuanto a lograr que le den un cierto proyecto y lo lleva a cabo con éxito, con toda certeza puede anotarse un "triunfo".

Es posible que el sentimiento de "triunfo" esté vinculado a asuntos familiares o domésticos y no a logros del que hace la consulta, sino a los éxitos o triunfos de uno de los miembros de su familia, como podría ser su pareja o alguno de sus hijos. Si éste es el caso, el que consulta experimenta la sensación afable de una satisfacción interior que se relaciona con el "triunfo" de su hijo, ya sea en los estudios, los deportes, la milicia o en la vida familiar privada, o el "éxito" de su pareja, que se relaciona con un logro especial en el cual, el que hace la consulta, jugó un papel especial.

Es posible que quien consulta no esté aún experimentando esta sensación de "triunfo", así que todavía no comprende la combinación que tiene enfrente. Sin embargo, puede sentirse seguro de que los dados están indicando el presente y si hasta ahora no ha experimentado el "triunfo", en unos pocos días quedará sorprendido. No hablamos de un futuro lejano, sino de la obtención del "triunfo" en los próximos días.

Cuando el número 4 cae en el quinto segmento

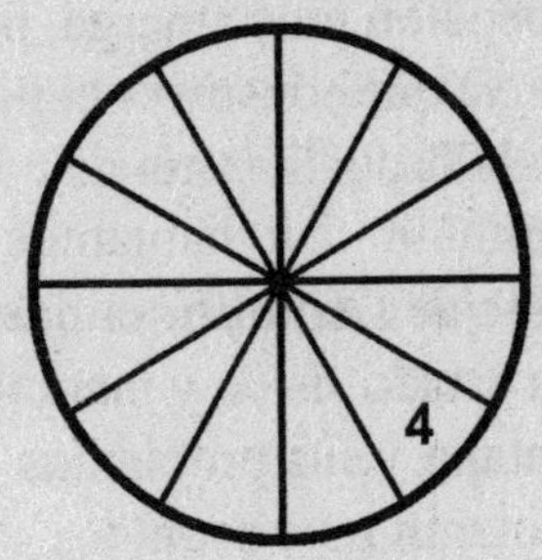

El que solicita la consulta está pasando por un periodo de desencanto y desilusión. Las cosas no están saliendo como él lo esperaba, está pasando por un periodo de mala suerte. Tendrá que salir adelante a pesar de sus sentimientos de impotencia y fracaso.

El sentimiento de desilusión puede originarse en el hecho que ha descubierto que él y su compañera no son compatibles y tienen que separarse. Este es un sentimiento muy doloroso de omisión y desilusión, pero el que hace la consulta debe saber que su sentimiento más profundo es decir la verdad.

El origen del desaliento del que consulta puede encontrarse en su trabajo. Es posible que se empiece a dar cuenta de que, a pesar de los grandes esfuerzos en sus estudios y en el trabajo, la profesión que escogió no sea la adecuada para él y el descubrimiento de esta amarga verdad le esté ocasionando una desilusión grave. Si este es el caso, el que hace la consulta debe estar consciente de que es preferible iniciar una nueva capacitación profesional tan pronto como sea posible. Más vale tarde que nunca.

La desmoralización que el que consulta siente en este momento, puede derivarse del hecho que las esperanzas que había puesto en sí mismo eran demasiado altas y descubrió que, diferente a lo que él pensaba, fue incapaz de cumplir las metas que se había fijado.

Esta es una decepción muy amarga, pero se convertirá en la piedra angular en la que construya el futuro, porque este es otro paso en la senda hacia la toma de conciencia de sus capacidades y talentos.

Si la desilusión que siente ahora quien hace la consulta está vinculada a su estado físico y mental, puede alegrarse.

Superará esta etapa y sus problemas, ya sean de salud o emocionales, terminarán muy pronto.

Debe tomar fuerza para el futuro, ya que esta etapa terminará muy pronto y el futuro, en definitiva, será prometedor.

Cuando el número 5 cae en el quinto segmento

Los dados revelan que el que hace la consulta puede esperar buenas nuevas en los próximos días. Estas noticias tendrán un efecto inmediato en su situación actual y pronto harán que sus planes cambien o afecten, hasta cierto punto, su vida presente.

El que consulta puede estar confiado de que las noticias serán favorables y positivas. No cabe duda de que las cosas saldrán bien ya sea que las buenas nuevas se refieran a su trabajo, a la situación social, a la salud o a las finanzas; el cambio que vendrá como resultado de éstas, influirá en todos las áreas de la vida del que hace la consulta y como consecuencia en la gente que lo rodea.

Si las noticias alentadoras atañen a su trabajo, sin lugar a dudas le traerán energías renovadas para todo lo que esté relacionado con su lugar de trabajo y para el trabajo que desempeña. Tendrá más vigor y sentirá que su remuneración es la adecuada. Si las noticias se refieren a su situación social, la percepción positiva en el área social vendrá acompañada de cambios sociales en muchas áreas.

El hecho de que se sienta más valorado, amado y admirado hará que la confianza en sí mismo se vea fortalecida. Esto lo impulsará a mejorar su imagen no sólo en el lugar de trabajo sino también en otras áreas.

Las noticias pertinentes a su estado de salud sólo llegarán si el que consulta no está seguro de ésta o de la salud de alguien cercano a él y las buenas nuevas disiparán toda preocupación respecto a problemas de salud.

Si el que hace la consulta es casado, es indudable que un cambio en su situación llegue a tener un fuerte efecto en los miembros de su familia. Sin embargo, si no está casado, la nueva condición afectará a todos los que lo rodean, de manera especial a los que están cerca de él.

Con la llegada de las buenas nuevas, su disposición de ánimo mejorará. Se llenará de energías positivas, las personas buscarán su compañía y disfrutarán estar cerca de él. Esto sucederá de manera especial con personas que como compañía, son por naturaleza irascibles, nerviosas y desagradables. El cambio esperado será enorme y conducirá a una variación en toda la percepción de la vida del que hace la consulta.

El que consulta puede esperar una etapa positiva que lo impregnará de una disposición de ánimo renovada, llena de esperanza y de renovación vital.

Cuando el número 6 cae en el quinto segmento

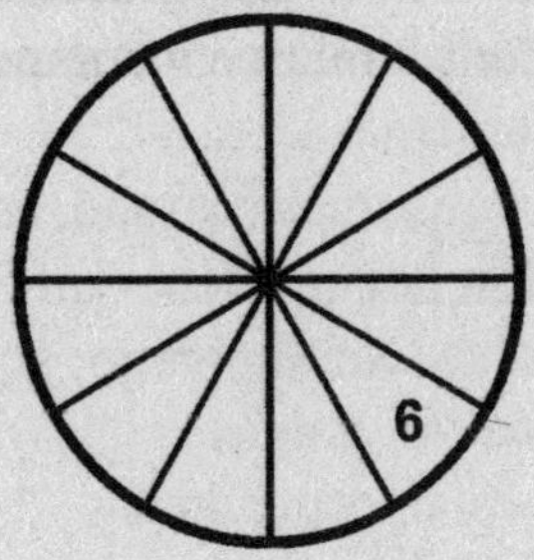

El que hace la consulta se encuentra en una situación problemática de incertidumbre acerca de lo que le está sucediendo en el momento presente. Se siente como un títere que pende de un hilo que se mueve conforme a las órdenes de otras personas, incapaz de definir su situación y controlarla. Este sentimiento tan complejo lo hace sentirse impotente, y hace que esta etapa sea muy difícil para él. Una vez establecido esto, debe estar consciente del hecho de que esta fase pasará pronto y sentirá que recobra el control de su vida.

El área en la que siente incertidumbre es de capital importancia, ya que afecta su estado de ánimo. Su vida amorosa puede tornarse problemática, por lo que se angustia al deliberar sobre su futuro. Es posible que la incertidumbre que siente, esté relacionada con su trabajo o profesión. Pronto se disipará la niebla que lo envuelve en todo lo concerniente al futuro, lo que sucederá, ya sea que él tome la iniciativa para salir de dicha situación, o deje que el tiempo se encargue.

Es factible que esta etapa tan difícil le deje una cicatriz emocional y hará que el que consulta aprenda una lección que le servirá para el futuro, ya que es él quien ocasionó esa situación. No puede culpar a nadie, sólo él es responsable. En el futuro, evitará involucrarse en circunstancias semejantes. Profundizará las lecciones que recibió, de tal manera que nunca más se encuentre en una situación que le cause esos sentimientos de incertidumbre e incompetencia.

Cuando el número 1 cae en el sexto segmento

Los dados sugieren un cierto problema de salud que el que hace la consulta tenía en el pasado o tiene en la actualidad, problema que se solucionará en los próximos días o en el futuro próximo. Aunque el que consulta se siente bien en la actualidad y no padece ninguna molestia, simplemente aún no toma conciencia de ello. Es posible que tenga algún problema de salud que se está incubando en su cuerpo pero que no ha manifestado síntomas ni le ocasiona ningún dolor. Debe ir al médico para una revisión general y poder así localizar el problema. Además de la revisión general de su cuerpo y sus funciones, es necesario que vaya a un examen dental. Puede haber algún problema del que el quien consulta no esté enterado, ya que todavía no tiene dolor. No debe esperar, pues de lo contrario podría ser demasiado tarde.

Puesto que los dados muestran signos positivos en lugar de direcciones negativas, lo que es alentador, es altamente recomendable que se haga la revisión a tiempo.

Si el que hace la consulta está enterado de algún problema físico y lo está manejando o está esperando los resultados de análisis, puede alegrarse. Los dados auguran señales positivas en todo lo concerniente a la salud.

Si se trata de alguna persona cercana al que hace la consulta quien está padeciendo de algún problema de salud y no él mismo, lo que mencionamos con anterioridad también es valedero para esa persona. Pero sólo lo será si es pariente en primer grado, como el esposo, la esposa, los hijos y los padres. El estado mental y emocional del que consulta se verá afectado de inmediato si se encuentra algún problema de salud entre esos parientes. Lo afectará con tanta fuerza que casi llegará a identificarse por completo con ese pariente. Sin embargo, como mencionamos con anterioridad, cualquier problema de salud que exista en su familia cercana, se resolverá pronto y de la mejor manera posible. *

* Según Chantal, el sexto segmento maneja el área de la salud.

Cuando el número 2 cae en el sexto segmento

Los dados predicen una situación problemática. El que hace la consulta padece de algún problema de salud que sólo podrá resolverse cuando aprenda a mantener una relación estable y amistosa con una persona muy cercana a él. Es una situación clásica de la extrema tensión mental que sufre el que hace la consulta y que puede poner en peligro su salud. Debe examinar sus relaciones con las personas que lo rodean, en especial en su trabajo o en cualquier otro lugar que le ocasione fatiga mental. Si trabaja con alguien con quien no es compatible y el trabajo no puede realizarse de manera adecuada o se desarrolla en condiciones que le provocan una gran tensión mental, debe tratar de manejar el problema con esa persona. Esto es esencial si quiere funcionar de forma apropiada y así evitar problemas de salud que pueden desarrollarse como resultado directo de la tensión. Problemas de esa naturaleza que están sujetos a aflorar con los años, se pueden manifestar como un ataque cardiaco, dolores torácicos, etc.

Los dados indican, sin equivocación, que el que hace la consulta padece de un estado de tensión que está relacionado con otra persona en su vida. Puede tratarse de su pareja o alguien más en la familia, como uno de sus padres o un hijo. Si la fatiga mental proviene de relaciones familiares negativas, y no de su trabajo, debe resolver el conflicto familiar o el problema interpersonal con la persona con quien comparte su vida. Simple y sencillamente, su salud depende de eso. Sólo un estado de sosiego, tranquilidad, confianza y relaciones estables podrán ayudar a que el que hace la consulta tenga una vida plena y serena. Él no es el tipo de persona que aguante altercados, querellas, disputas, polémicas, conflictos ni desavenencias prolongados; tarde o temprano, estos le ocasionarán un deterioro en su estado de salud. Debe hacerse cargo, vencer las dificultades o el sentimiento de humillación e iniciar una conversación con la persona que le ocasiona la tensión, aunque tenga la seguridad de estar en lo correcto y que la otra persona esté equivocada. Debe conciliar las diferencias, porque están en su mente.

Cuando el número 3 cae en el sexto segmento

Los dados vaticinan "triunfo" en todo lo que concierne al estado de salud. El "éxito" se puede manifestar en varias esferas:

Una persona que sufrió un trauma después de luchar con alguna enfermedad grave, puede estar tranquila. Aunque todavía no lo sepa, ha superado la enfermedad. Los resultados finales llegarán muy pronto y en el futuro próximo se enterará de que la enfermedad se ha controlado.

Como mencionamos con anterioridad, los dados también le auguran éxito, y si la persona se fija la meta de llegar hasta cierto nivel de aptitud física y trabaja arduamente para lograrlo, pronto cumplirá el propósito que se ha señalado.

Con toda certeza puede referirse a esto como su "triunfo" sobre lo que al principio le parecía imposible. Aunque todavía no haya comenzado ninguna actividad, pero tenga programado hacerlo, debe saber que los dados le pronostican que no le será difícil alcanzar su meta y que logrará llevar a cabo todo objetivo razonable que se haya trazado. Los dados son alentadores en todo lo que concierne a su trayectoria en el futuro, y le auguran éxito en todos los objetivos que se fije en el área de la salud.

Cuando el número 4 cae en el sexto segmento

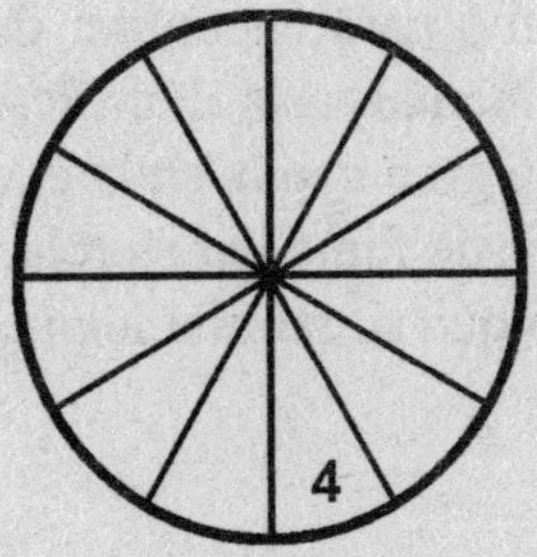

Los dados no predicen nada alentador en el área de la salud. Al contrario, auguran desilusión. Desde el punto de vista de la salud, el que hace la consulta puede estar pasando por una etapa difícil y está tratando de salir adelante con una situación que no es nada fácil. Los obstáculos que se presentan en su camino no son pequeños y todavía no ve la luz al final del túnel. El que consulta puede esperar una lucha contra cierta enfermedad o con algún otro factor que debilite, de manera paulatina, su estado de salud y esto lo aflige. Sin embargo, la forma en que se relaciona mentalmente con el desencanto que le provoca la lucha, es aún más difícil, ya que no puede vislumbrar el éxito en el horizonte.

Aunque el que hace la consulta debe prepararse para salir adelante con una desilusión severa, la "desilusión" que pronostican los dados no es necesariamente grave. El estado de salud que puede ocasionarle desesperanza, no es, necesariamente, muy problemático o crítico. Tal vez se trate de un problema secundario que se puede atender con facilidad. Aunque esté desanimado con su estado de salud, lo puede corregir en el futuro.

A pesar de todo esto es cuestión de una disposición negativa de ánimo que surge del estado de salud del que hace la consulta, quien tiene que reunir la fuerza mental necesaria para superar la etapa que está por venir y que no trae buenos pronósticos, así como para encontrar, dentro de él mismo, fuentes de fortaleza mental hasta ahora desconocidas. El apoyo de la familia será de gran ayuda en la etapa que está por comenzar, así que debe de fomentar su relación con ella. Necesitará todo el apoyo que su familia le pueda brindar.

Cuando el número 5 cae en el sexto segmento

El que hace la pregunta puede esperar recibir buenas nuevas en lo relativo a su salud. De manera alterna, puede ser cuestión del estado de salud de alguien cercano a él, como su pareja o algún miembro de su familia. Si el que consulta se ha sometido, de manera reciente, a exámenes médicos y está por recibir los resultados, debe tranquilizarse y confiar en que estos serán buenos. No tiene ningún padecimiento serio, y aunque no se ha sentido bien últimamente, es una condición pasajera y pronto estará de nuevo saludable.

Si el que hace la consulta se ha hecho recientemente exámenes médicos de rutina, no porque no se sintiera bien, sino sólo como medida preventiva, se sorprenderá al recibir los buenos resultados relacionados con su estado de salud. Debe continuar practicándose revisiones de rutina anuales, aunque los resultados sean satisfactorios.

Si el que hace la consulta tiene temor de haber contraído alguna enfermedad, o las enfermeras sospechan que está contagiado de alguna enfermedad (como las transmitidas sexualmente o el SIDA) y todavía no se ha practicado pruebas, lo debe hacer a la brevedad posible. Los dados predicen que todo está bien y que los resultados serán favorables. Así que esto debe animar al que hace la consulta para que se haga los exámenes sin temor. De todos modos, debe practicarse los exámenes lo más pronto posible para asegurarse de que todo está bien.

Cuando el número 6 cae en el sexto segmento

El que hace la consulta está pasando por una etapa de la que no es fácil salir adelante mentalmente: Está viviendo con una sensación de inseguridad en lo relacionado con su estado de salud. Si está preocupado de haberse contagiado de cierta enfermedad y tiene miedo de enfrentar la realidad, por lo que no ha ido a hacerse los exámenes pertinentes, está cometiendo un grave error. Le será mucho más fácil manejar la realidad existente sobre su estado de salud que arreglárselas con ese sentimiento de incertidumbre. La duda le está provocando presiones mentales innecesarias, incapacidad para funcionar de manera adecuada en su vida cotidiana y temores infundados.

Si el que consulta ya se ha realizado los exámenes y está en espera de los resultados, los dados indican que estos no serán definitivos. Tendrá que hacerse de nuevo el examen y una vez más pasar por una etapa de incertidumbre respecto a su salud, hasta que todo se aclare de manera satisfactoria.

Como resultado de los exámenes que se hizo, el que consulta debe saber que su estado de salud está deteriorado y debe estar consciente que los dados predicen que no está del todo clara la forma en que recuperará la salud. Está pasando por una etapa de incertidumbre respecto a su salud y es posible que existan varias razones para ello: tal vez el medicamento apropiado para la enfermedad o la sintomatología que presenta, todavía no se haya descubierto; aún cuando pueda superar el menoscabo del estado de salud que lo aqueja en este momento, los síntomas pueden volver a presentarse en cualquier momento; es posible que recupere sus funciones normales si cambia su lugar de residencia (si por ejemplo, padece de asma), su lugar de trabajo o su ocupación (si por ejemplo, su ocupación le ocasiona dolores en las articulaciones), etc.

Mientras más enterado esté el que hace la consulta respecto a la enfermedad o el problema que padece, más disminuirá el sentimiento inquietante de inseguridad. Debe leer lo más que pueda sobre la enfermedad, preguntar a los médicos y ponerse al día tanto como pueda respecto a todos los detalles. Debe recordar que el conocimiento mitiga los sentimientos de temor, y que mientras más aprenda y sepa respecto a su condición, mejor podrá salir adelante, por lo menos mentalmente.

Cuando el número 1 cae en el séptimo segmento

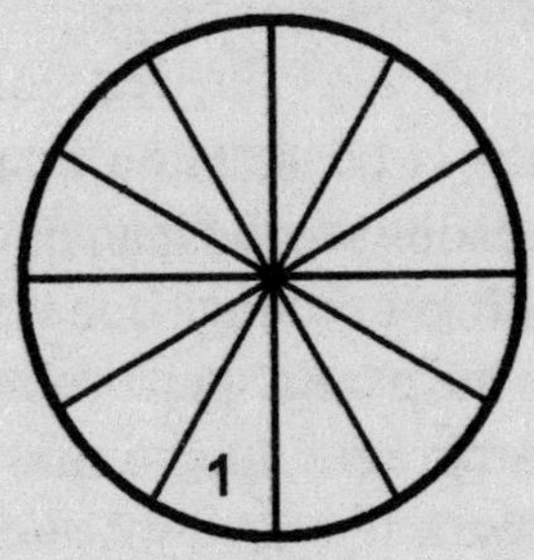

Los dados auguran señales positivas en todo lo concerniente a la vida amorosa del que hace la consulta. Si el que consulta es soltero y no tiene pareja, en el futuro próximo entablará una relación íntima con una persona que todavía no conoce, o con una persona que ya conoce pero con la que, hasta ahora, no ha llevado una relación especial. Es posible que el que consulta se encuentre en un estado de muerte aparente y espera ver los efectos de sus lances anteriores para acercarse a cierta persona, algo que todavía no da resultados. Los dados predicen que ahora dará un paso hacia delante y los logros pronto serán evidentes.

Si el que hace la consulta tiene pareja, y todavía no se casa, puede esperar con interés el poder progresar en la relación con su pareja. Su relación se hará más estrecha y se encaminarán hacia la siguiente etapa. Hasta tomarán una decisión para hacerlo oficial.

Si el que consulta es casado, los dados auguran progreso en varias direcciones de su vida amorosa:

a) Los recién casados pueden esperar una etapa positiva que seguirá a periodos más difíciles en los que se acostumbran a la vida de matrimonio, en la que los altercados, las peleas, los malentendidos son lo común. Las cosas empiezan poco a poco a calmarse y la comprensión mutua empieza a reemplazar a las riñas, que ya se vuelven asunto del pasado. El amor llena el vacío y los dos empiezan a disfrutar su vida en común.

b) Si el que hace la consulta ha estado casado durante mucho tiempo, los dados pronostican que puede esperar una etapa positiva en todo lo que tenga que ver con las relaciones interpersonales con su pareja, pero sobre todo, en su vida amorosa. Para la pareja será mucho más fácil darse tiempo para ellos mismos, para liberarse y dedicar tiempo, una vez más, a su relación. Estarán más atentos el uno del otro y tendrán más paciencia para escucharse, esto fortalecerá la relación estrecha que solían tener y los hará sentirse necesitados y amados como sucedía al principio de su matrimonio.*

* Según Chantal, el séptimo segmento trata del amor.

Cuando el número 2 cae en el séptimo segmento

Si el que hace la consulta tiene pareja, el éxito del amor depende de una relación estable y amistosa con él o ella.

El que consulta se siente seguro del amor por su pareja, pero debe hacer un escrutinio de sí mismo: ¿Está enamorado de su pareja por su temperamento, sus talentos o su interior, o porque le atrae el exterior de su pareja más que el interior y se está engañando pensando que en realidad está enamorado? Si la vida conyugal de quien hace la consulta se fundamenta en una atracción sexual ardiente y en las relaciones físicas más que en una afinidad con el aspecto interior de la pareja, debe detenerse y examinar con cuidado si su relación es en realidad fidedigna y honesta, y si puede vivir una vida profunda y significativa con su pareja. Si el que consulta no siente que su pareja es en realidad un verdadero amigo o amiga y un espíritu afín, si no está seguro de la sinceridad de su vínculo, debería terminar con la relación y buscarse otra pareja con la que pueda tener una relación honesta y plena.

Si el que hace la consulta no tiene pareja, los dados indican que encontrará el amor sólo si aprende a abrirse a su entorno y es sincero con las demás personas. El que consulta no confía lo suficiente en los individuos que lo rodean. No comparte sus ideas con ellos, y no logra establecer vínculos sinceros y fidedignos. Sus barreras emocionales hacen que se abstenga de fomentar relaciones románticas complejas. De esta manera, sale perdiendo en todos los aspectos: no puede crear vínculos amistosos estrechos con los que lo rodean, ni tampoco puede establecer una relación romántica con el sexo opuesto. Sólo si aprende a abrirse y a exponer su lado interior sin huir de él, podrá empezar a establecer relaciones significativas con los miembros del sexo opuesto. Sólo entonces podrá tener una vida amorosa verdadera, basada en una relación sincera y sólo entonces podrá disfrutar de la felicidad que viene de los estratos más profundos del alma.

Cuando el número 3 cae en el séptimo segmento

Los dados pronostican que la etapa venidera será una de éxito en todo lo que se refiere a la vida amorosa del que hace la consulta.

Si el que consulta desea ganar el corazón de la persona que está cortejando de manera desesperada y con cada fibra de su ser, la etapa por comenzar será favorable para él y recibirá señales positivas, insinuaciones de buena voluntad o amor de la otra parte. Su galanteo y sus esfuerzos no habrán sido en vano.

Si el que hace la consulta está atravesando por una etapa difícil desde el punto de vista de la relación con su pareja, ya sea que éste sea casado o soltero, ahora sabe que la crisis que amenazaba su vida amorosa ya quedó atrás. Si la vida sentimental de la pareja se estaba tambaleando porque uno de ellos engañaba al otro o porque tuvieron una discusión fuerte que amenazaba su relación, ahora las cosas vuelven a su lugar. Se comprobará el gran amor que existe entre ellos y el obstáculo que flotaba de manera siniestra sobre su relación y/o sobre la unidad familiar, desaparecerá como si no hubiera existido. El amor saldrá victorioso, ya que lo que pareja tiene a su favor es la relación profunda y sana que constituye la verdadera base de su vínculo. El que consulta y su compañera de vida aprenderán a apreciar al doble lo que estuvieron a punto de perder y la siguiente etapa y la que le seguirá serán más pujantes. La lección que deben aprender será tan fuerte y significativa que siempre sabrán que nada puede destruir su amor, que el amor todo lo vencerá.

Cuando el número 4 cae en el séptimo segmento

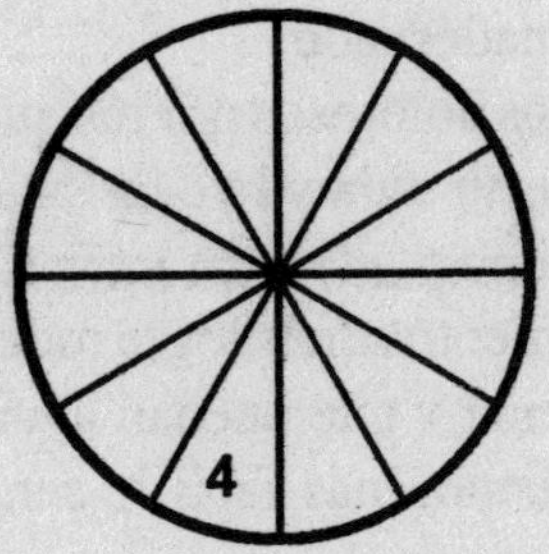

Los dados no auguran nada bueno en lo que concierne a la vida amorosa del que hace la consulta. Puede esperar desilusiones, ya que está en el umbral, desde el punto de vista psicológico, de una etapa difícil.

La decepción puede derivarse de una relación desafortunada con una pareja, la cual ya está a punto de terminar, o bien de la frustración de las expectativas y esperanzas de establecer una cierta relación.

El sentimiento de soledad es la sensación más dolorosa que le espera a quien hace la consulta como resultado de su desilusión en el amor. Después de estar acostumbrado a tener una relación de pareja y todo lo que eso implica, se tendrá que ir acostumbrando poco a poco a una vida de "soltero", por supuesto hasta que se presente su próxima relación. El periodo de adaptación no es nada sencillo y requerirá mucha fortaleza mental, ya que el que consulta está todavía muy apegado a la pareja de quien se separó.

Debe acrecentar su vida social para poder aminorar, tanto como le sea posible, el dolor que está experimentando. Mientras más logre rodearse de amigos, más evitará hundirse en la tristeza y la melancolía que son su pesar en este momento.

En el futuro próximo, al que consulta no sólo le será difícil soportar la soledad, sino lo que es peor, tendrá que salir adelante con el golpe que recibió en la confianza de sí mismo debido al amorío inadecuado.

Los sentimientos dolorosos por los que está pasando afectarán otras áreas de su vida y le ocasionarán una baja aguda en su estado de ánimo y en su carácter. Como mencionamos con anterioridad, mientras más logre rodearse de amigos y de personas que lo aman y que puedan ayudarlo a recuperar la confianza en sí mismo, más fácil le será atravesar por esta etapa.

Todos experimentan alguna desilusión en el amor en alguna fase de la vida y aunque al que consulta le espera una etapa difícil, debe saber que ésta pasará y que en cualquier momento un nuevo amor llegará a su vida.

Cuando el número 5 cae en el séptimo segmento

Pueden esperarse buenas nuevas relacionadas con el amor. Esto atañe en especial a personas que están esperando una respuesta positiva de parte de su pareja y que está relacionada con una proposición amorosa: una propuesta de matrimonio, un viaje prolongado al extranjero, irse a vivir juntos, etc. En casos como estos y en otros semejantes, la respuesta de la pareja será positiva, la cual certificará su deseo de establecer y profundizar en su relación.

Si el que hace la consulta es casado, las buenas nuevas vienen de su pareja o de otros factores que puedan influir en su relación conyugal. Por ejemplo, las buenas noticias pueden venir de su esposa, comunicándole que está embarazada.

Si él que consulta lleva muchos años de casado y ya tiene hijos adultos, las buenas nuevas pueden estar relacionados con su vida amorosa. Es posible que ellos sean los que tienen buenas noticias, como el anuncio de su matrimonio, o la decisión de hacer oficial alguna relación con su pareja.

Si el que consulta no se ha casado y no tiene pareja, las buenas nuevas se referirán a la recuperación de una relación anterior, o a la creación de una nueva relación que terminará en una relación amorosa. De cualquier modo, debe ser optimista ya que la etapa por comenzar promete un cambio favorable en su vida. Puede ser algo fortuito o alguna relación que no durará mucho, pero no hay duda de que es un experiencia positiva que traerá un aire nuevo a la vida del que hace la consulta, y que de ahí proseguirá.

Cuando el número 6 cae en el séptimo segmento

Los dados pronostican un periodo de incertidumbre en todo lo que tiene relación con la vida amorosa del que hace la consulta.

Si el que consulta está involucrado en alguna relación de pareja, el sentimiento de incertidumbre puede provenir de su falta de confianza en la relación. Tal vez sea él mismo quien suscite dudas acerca de la relación en la que se encuentra involucrado, o tal vez sea su pareja quien no esté segura de ésta. De cualquier modo, su vida amorosa está atravesando por una especie de etapa de prueba. Si la supera, la pareja permanecerá unida, pero si hay problemas sin resolver, la relación está predestinada al fracaso.

El que consulta y su pareja están pasado por una etapa difícil en la que no son capaces de decidir ni de un lado ni del otro y cambian de parecer cada día que pasa. Esto los provoca y les destroza los nervios.

Tal vez si se dan un tiempo de descanso, una "tregua" corta en la que cada uno piense lo que en realidad quiere y en la que puedan ver las cosas de manera objetiva y en perspectiva, por fin podrán lograr llegar a una decisión definitiva.

Mientras tanto, su relación está envuelta por la incertidumbre, lo que altera todas las áreas de su vida y para nada bueno.

Si el que hace la consulta no está involucrado en una relación de pareja, los dados le auguran una incertidumbre inminente en todo lo que se refiere a su capacidad para trabar lazos románticos con el sexo opuesto.

Como es posible que el que consulta no se encuentre en una estado psicológico propicio, es muy probable que en la etapa que comienza, no encuentre a nadie del sexo opuesto que en realidad le interese, o con quien desee iniciar una relación seria.

Para él, el futuro próximo no le trae ninguna certeza respecto a su vida amorosa.

Cuando el número 1 cae en el octavo segmento

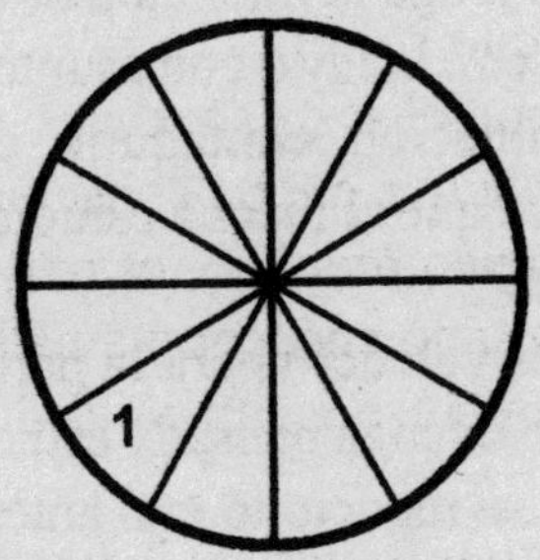

Los dados auguran que los problemas legales, en los que está involucrado el que hace la consulta, están por resolverse.

Si el que consulta está implicado en un pleito legal problemático o en algún asunto que esté relacionado con la ley o la infracción de ésta, un arreglo favorable está cerca y todo se solucionará de manera satisfactoria.

Según los dados, no importa cuán difícil sea el asunto que esté en debate ni lo complejo que sea encontrar una solución. Los dados claramente indican una tendencia positiva en la solución del embrollo legal o de cualquier problema relacionado con la ley en el que el que consulta esté involucrado. No importa si el que consulta está envuelto en un caso grave por el que puede ser llevado, en un futuro, a los tribunales, o en algún asunto de menor importancia, como la evasión de pago de una multa. Bien sea que su infracción legal sea seria o de menor importancia, los dados auguran una solución positiva en el futuro próximo.

Si el que hace la consulta no está actualmente involucrado en algún problema legal, ni está envuelto en algún embrollo de este tipo, los dados le predicen éxito en un problema que se relaciona con estudios legales. Si en la actualidad está estudiando leyes, o tiene en mente hacerlo, puede esperar tener éxito.

Aun cuando no tenga la intención de estudiar alguna profesión relacionada con la ley o con asuntos legales, por ejemplo tasación o evaluación, contaduría, etc., debe saber que los dados le auguran que si fuera a estudiar alguna de ellas, lo haría con gran éxito.

Esto también es valedero para la pareja del que consulta que esté estudiando o tenga pensado estudiar leyes u otra área relacionada, como se menciono con anterioridad.*

* Según Chantal, el octavo segmento trata de asuntos institucionales o legales.

Cuando el número 2 cae en el octavo segmento

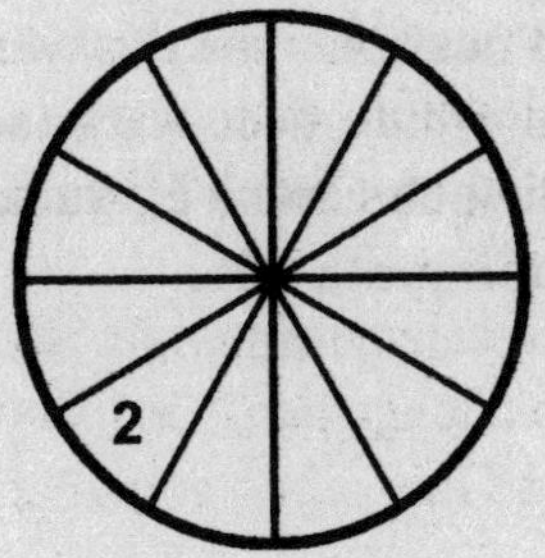

Esta combinación sugiere que el que hace la consulta está afrontando o está por confrontar algún tipo de asunto legal o dificultad con la ley. Lo podrá evitar sólo si aprende a mantener lazos de amistad, seguros y estables con una persona cercana a él, de la que depende su éxito.

Si es cuestión de asuntos legales dentro de la familia, como la adjudicación de una herencia, la distribución de otras propiedades o la solución de problemas que provengan de un divorcio, etc., el éxito del que hace la consulta, para obtener lo que quiere y ganar desde el punto de vista legal, depende de una persona cercana a él y en la naturaleza de su relación con ella. Mientras más trate de mantener vínculos estables, cercanos y amistosos con esa persona, mayor éxito logrará en todo lo que tenga que ver con el asunto legal que está afrontando o está por afrontar.

Si el asunto en cuestión tiene un largo historial, significa que el que consulta está bien informado de aquello de lo que depende su solución, y con quienes debe mantener vínculos estables, cercanos y amistosos.

Si no está involucrado en ese asunto, si no sabe lo que le pronostican los dados y las cosas no parecen tan nítidas en este momento, es casi cierto que sabrá, en el futuro próximo, y todo se le aclarará. Vale la pena, que por lo menos durante esta etapa, mantenga buenas relaciones con las personas cercanas a él y que no ocasione una desavenencia indeseable e innecesaria, ya que pronto necesitará todo el apoyo que le pueda brindar alguien cercano a él, ya sea que esta persona sea un pariente o un espíritu afín.

Cuando el número 3 cae en el octavo segmento

El que consulta puede esperar salir victorioso en todo lo que esté relacionado con asuntos legales. Si está perturbado por algún pleito legal, los dados le auguran que lleva ventaja y que eventualmente ganará la lucha. Aunque él en lo personal no esté involucrado en una contienda legal con otra persona, pero forma parte de un gremio implicado en un litigio, los dados le auguran que el bando al que pertenece saldrá victorioso. Esto se puede expresar, por ejemplo, en una batalla en la se le representa como uno de los residentes de un condominio que están demandando a uno de los contratistas, al municipio o a cualquier otra corporación.

En cada encuentro que tenga con la ley, bien sea que ya haya sucedido y esté en espera de una respuesta, o no haya acaecido todavía y lo espere en el futuro próximo, tiene que conservar la serenidad y descansar confiado de que se probará su inocencia.

El triunfo en asuntos legales del que hace la consulta, no sólo le afectará a él y a su vida privada, sino también a las personas que lo rodean. Por fin le será devuelta, no sólo la confianza en sí mismo, sino también la tranquilidad a un hogar que ha estado perturbado. La tensión que lo torturaba debido a este asunto y la falta de tranquilidad y la serenidad que antes lo caracterizaban, afectó de manera considerable a los miembros de su familia, a su pareja y a las personas con las que estaba en contacto diario en su lugar de trabajo.

Cuando el número 4 cae en el octavo segmento

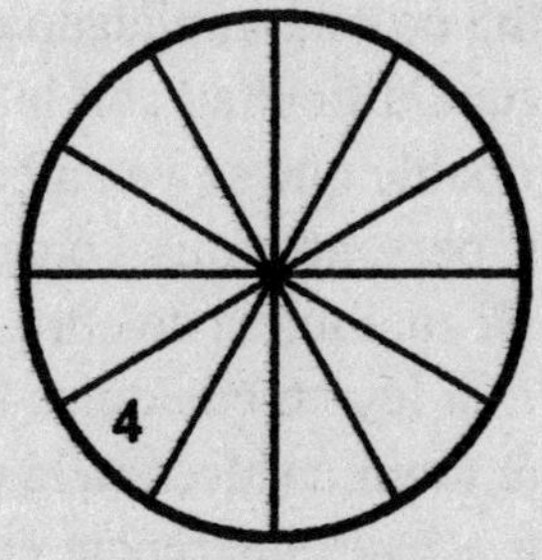

Si el que hace la consulta está en la agitación de un tribunal de justicia, y el litigio no se ha resuelto, debe prepararse psicológicamente para una decepción. Los dados indican que, por lo que se puede ver, no ganará el caso en el que está implicado y aún si llegara a ganar de manera parcial, lo considerará una desilusión muy grande.

Si el que hace la consulta practica la abogacía, ejerce una profesión que esté relacionada con el aspecto legal o es representante de algunas personas (tales como miembros de un sindicato profesional que representa a los obreros en la corte), no tendrá éxito en una representación legal en la que está involucrado y debe estar preparado para una frustración.

Si en un caso específico, al que consulta lo está representando un abogado, puede esperar una desilusión proveniente del veredicto y de su representante en el tribunal. Después de mencionar esto, puede, con toda certeza, contratar otro abogado y apelar el veredicto. Es posible que gane esta apelación.

Los dados sugieren que el que hace la consulta no puede obtener todo lo que desea en el asunto legal en que se ve involucrado, mas no indican una fracaso total, sólo una desilusión. Es decir, el éxito parcial es, en realidad, posible. El desencanto es tan grande como las expectativas. Si baja estas últimas, la "caída" no será tan dolorosa.

Si el que consulta no está implicado en ningún problema legal, no tiene ninguna dificultad con la ley, ni está ligado a esos asuntos, es probable que se vea afectado por un asunto legal que incluya a personas muy cercanas a él, como sus padres o sus hijos. Si cualquiera de ellos está involucrado en un caso legal o con la ley en cualquier forma, la desilusión que sufre su familiar también afectará la vida del que consulta. Esto lo obligará a tener injerencia en el asunto y puede obligarlo a cambiar algunas cosas relacionadas con su vida. Éstas pueden ser asuntos financieros, cuestiones de salud o de felicidad interior.

Cuando el número 5 cae en el octavo segmento

El que hace la consulta muy pronto recibirá buenas nuevas relacionadas con la ley o un caso legal. Si el que consulta está demandando a un sujeto en lo particular, o a él mismo lo han demandado y si se ha complicado con la ley en algún asunto o ha solicitado la aclaración de alguna cuestión legal, pronto recibirá noticias favorables. Esto no significa que los asuntos se resolverán, concluirán o serán firmados y sellados de una manera u otra, pero es cierto que al que consulta le llegarán, de alguna forma, buenas noticias relacionadas con su caso. Es posible que algunas cosas que él quería escuchar, pero que no tenía la autoridad con relación a ellas, se filtren desde el tribunal. Puede recibir noticias respecto a una propuesta de modificación en alguna ley o cláusula legal que podría influir en su caso.

Esta combinación de los dados justifica una perspectiva optimista, pero no quiere decir que el que consulta deba descansar en sus laureles. Todavía no puede estar seguro de que las cosas sean necesariamente positivas y no hay ninguna promesa de victoria en la batalla, ni certeza de que podrá obtener lo que desea. Todavía tiene el compromiso de hacer todo lo que pueda para tener éxito y llevar a cabo sus metas. Si después de recibir las buenas nuevas, se siente satisfecho de sí mismo, corre el riesgo de perder todo lo que ha logrado hasta ahora. Debe continuar sin tregua sus esfuerzos para poder estar absolutamente seguro de que está a punto de alcanzar sus metas. Las buenas nuevas lo deben de estimular, debe estar siempre vigilante y reunir nuevas fuerzas para poder lidiar las batallas decisivas y finales en su caso.

Cuando el número 6 cae en el octavo segmento

Si el que hace la consulta anda en los esfuerzos penosos de una demanda legal contra alguien, a él lo han demandado o está involucrado en algún problema legal, puede esperar una etapa difícil de incertidumbre relativa a sus asuntos. Es posible que el caso se alargue durante mucho tiempo, lo que le ocasionará mucha tensión mental así como un deterioro de su salud física.

Es posible que su vida llegue a perturbarse durante esta fase, en la que no sabe con certeza de qué lado sopla el viento ni qué rumbo tomarán las cosas. Debe hacer acopio de todas sus fuerzas mentales y descansar en los miembros de su familia para que le brinden apoyo, ya que le puede ser de mucha utilidad. Aunque su orgullo no le permita hacer esto, se le aconseja que aprenda a dejarse ayudar por sus conocidos y amistades cercanas ya que su apoyo será muy importante para él en la etapa que comienza. Una situación en la que las cosas son ambiguas y poco transparentes, resulta muy difícil desde el punto de vista psicológico. Si el que hace la consulta no cuenta con una familia que lo apoye o amigos que lo puedan ayudar en el momento de necesidad, se le aconseja que busque la ayuda profesional de un psicólogo o de algún otro asesor.

Si la persona no tiene problemas con la ley y no está implicado en ningún caso legal, los dados le dicen que cierta persona cercana a él está en dicha situación. En este caso, el que consulta debe darle máximo respaldo, apoyo y ayuda, ya que es posible que algún día se revierta la situación y el que hace la consulta sea el que necesite de toda la ayuda y apoyo que esa persona le pueda ofrecer.

Cuando el número 1 cae en el noveno segmento

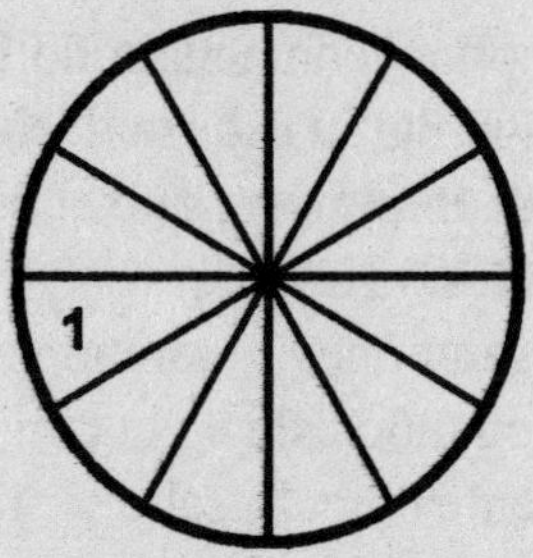

El que hace la consulta atraviesa por una buena etapa que le trae noticias agradables y alentadoras y un sentir general favorable, incluyendo el punto de vista de la salud.

El que consulta está en un periodo de florecimiento que emana tanto de asuntos emocionales como materiales. Aunque todavía no empieza a percibirlo, pronto entrará en una etapa en la que todo le saldrá muy bien. Lo que ha venido planeando durante mucho tiempo, en eso que se ha estado esforzando y trabajando, empezará a dar señales de una terminación exitosa y le dará mucha satisfacción. Concluirá los proyectos a largo plazo y serán más prósperos de lo que se hubiera podido imaginar. Las personas que lo rodean se relacionarán con él de forma positiva, y lo que es más importante, su vida amorosa despegará. Aunque en este momento no sea evidente, pronto empezará a percibirlo.

Todas estas cosas juntas y cada una por separado, hacen que el que consulta se sienta satisfecho y su ánimo se levante sobremanera. Se siente entusiasmado en una forma que no había sentido desde hacía mucho tiempo y en este momento, el mundo le parece color de rosa.

Esta etapa se prolongará durante mucho tiempo. El éxito y la prosperidad dejarán una huella en todas las áreas de la vida del que hace la consulta, en especial influirá en su estado de ánimo, que continuará siendo favorable y positivo. El que consulta debe cobrar conciencia de lo que sucede a su alrededor y no debe perder la cabeza. Debe mantener su sentido de la proporción. Si permite que el orgullo y la vanidad lo gobiernen, su caída será súbita.

Debe tomar precauciones y aprender a mantenerse sencillo y humilde aún cuando esté en la cima del mundo y todo le salga fantásticamente bien. Si sabe ser razonable y mantiene sus pies bien puestos sobre la tierra, será capaz de disfrutar sus logros al doble, y los salvaguardará durante mucho tiempo.*

* Según Chantal, el noveno segmento trata del desarrollo personal.

Cuando el número 2 cae en el noveno segmento

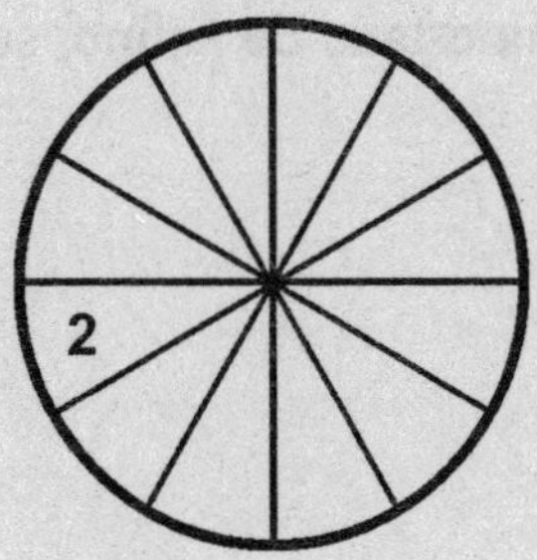

Los dados auguran que el que hace la consulta está tratando de tener éxito en cierta área, pero el lograr este éxito depende de su capacidad para sostener vínculos de amistad con una persona cercana a él. Si sabe cómo mantener lazos estrechos y estables que se basen en la confianza y la sinceridad, podrá lograr lo que se propone. Los dados también indican que la meta que se fijó es muy importante para él y el alcance de su logro en esta etapa influirá en su estado de ánimo y en su actitud mental. Si el objetivo que desea lograr es en realidad tan importante para él, debe poner empeño en dilucidar la naturaleza de su relación con las personas que lo rodean y averiguar, quien, entre todos ellos tiene un efecto directo sobre su capacidad para realizar su sueño y lograr su meta. Debe ocuparse de esta relación, consolidarla y afianzarla, ya que su meta está en el fondo. Este asunto es tan importante que puede precipitarlo en un estado psicológico desfavorable o hacerlo la persona más feliz que pueda existir. En este momento, el que hace la consulta se encuentra en una situación psicológica sumamente impresionable y el rumbo de las cosas le afecta en gran manera.

El que consulta debe aprender a evitar los conflictos, las discusiones y los problemas con las personas que lo rodean. Mientras más íntima y amistosa sea su relación con una persona que lo puede ayudar a llevar a cabo su meta, mayor influencia tendrá en su estado de ánimo, su salud espiritual y actitud mental.

Cuando el número 3 cae en el noveno segmento

El que hace la consulta, muy pronto advertirá el triunfo en un área deseada. Ya sea que se trate de un logro material o de algo mental, espiritual o emocional, su espíritu se elevará en gran medida y ejercerá una influencia muy fuerte en él durante la etapa que se aproxima.

El triunfo previsto puede consistir en un logro en el área de finanzas, que surge de un deseo de superarse en su trabajo, o de una "victoria" que involucre logros en los negocios. Por otra parte, como ya mencionamos, el triunfo puede lograrse en ámbitos mentales o espirituales: capacidad para superar impedimentos, lo que indica que ya se retiraron y será capaz de avanzar hacia un objetivo específico. El éxito puede expresarse en asuntos que parecen sin importancia, como la capacidad para superar ciertos miedos como la claustrofobia, miedo a volar, miedo a las multitudes, etc. En tal caso, la "victoria" puede cambiar el curso de vida del que hace la consulta, por supuesto para mejorar. Se le abrirán nuevas oportunidades y situaciones con las que había soñado. Por supuesto, su estado ánimo se exaltará de manera maravillosa e influirá en todo lo que haga y en todos los que lo rodean.

Si su triunfo yace en la capacidad para superar bloqueos emocionales, también puede expresarse en el amor durante esta etapa que se aproxima. El que consulta podrá por fin acercarse, sin temor ni ansiedad, a una persona de la que anhelaba estar cerca. Recobrará la confianza elemental después de que ésta había sido destruida. La posibilidad de lograr la plenitud en su vida amorosa, ahora parece más cerca que nunca. Esto le dará una sensación de autorrealización, independencia y confianza, e influirá en su estado de ánimo y elevará su espíritu.

Cuando el número 4 cae en el noveno segmento

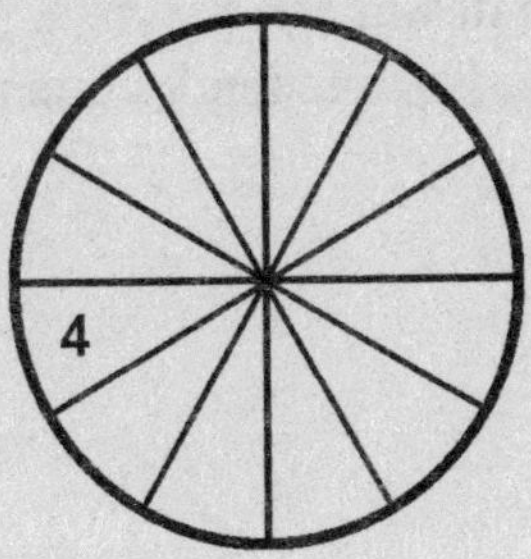

Cierta decepción que se presentará en los próximos días afectará, de manera aguda y drástica, el estado de ánimo del que hace la consulta. Debe estar consciente de esto y si los dados auguran algo que está por suceder, puede prepararse mentalmente y tal vez, de esta forma, su desilusión no sea tan grave.

El que consulta puede esperar una decepción proveniente de algunas noticias relativas a un examen poco próspero o a alguna meta inaccesible que él se había fijado, también puede esperar un despecho en el amor. Es posible que alguien de quien quiere estar cerca lo rechace.

Para las personas que ya tienen una relación también se pronostica un desencanto emocional. Si el que hace la consulta es casado, debe estar preparado mentalmente para aceptar, que en este momento, la relación con su pareja está sujeta a desilusiones. Aunque el que consulta no esté casado, pero tiene pareja, es posible que una decepción en el amor le haga reconsiderar la naturaleza de la relación con ésta y la relación en la que está involucrado en este momento.

La desilusión que le espera a quien hace la consulta, le ocasionará un serio desencanto y lo hundirá en un estado de ánimo nefasto y es posible que hasta en una depresión. Es probable que este sentir general negativo también afecte su estado de salud, así que tiene que tener cuidado y tomar las cosas, tanto como le sea posible, más a la ligera. El poder salir adelante con la desilusión prevista, le permitirá fortalecerse frente a otras crisis que tendrá que manejar en su vida.

Cuando el número 5 cae en el noveno segmento

Las buenas noticias que es probable le lleguen en cualquier momento, tendrán un efecto favorable en el estado actual de ánimo del que hace la consulta.

Si se sentía deprimido o estaba pasando por una etapa difícil en su vida, estas noticias están por cambiar, de manera dramática, la fisonomía de las cosas. Se alegrará y sentirá que está en el umbral de una nueva era en su vida. La información que está por recibir, le pronosticará que están frente a él nuevas posibilidades para el futuro.

Esto fortalecerá la confianza elemental en el futuro del que hace la consulta y le "recargará sus baterías". Será inundado de una energía renovadora, asumirá un enfoque optimista ante la vida y muy pronto las circunstancias se presentarán como debieran, por lo que empezará, en realidad, una nueva etapa en su vida.

Su estado de ánimo, lleno de entusiasmo, le hará posible salir adelante en muchos niveles. Se encontrará en un periodo de actividad sin precedentes. Tendrá la suficiente fuerza para alcanzar todas las metas que se fije, aunque sean objetivos a largo plazo.

Mejorarán sus capacidades y la confianza en sí mismo que irradia hará que las personas que lo rodean confíen en él y en su trayectoria y se unirán a él. Le será fácil encontrar socios para un proyecto que tiene en mente o inversionistas si se trata de una aventura financiera. Si las buenas nuevas que espera se relacionan con lo espiritual más que con las cosas materiales, el que consulta podrá por fin avanzar con facilidad a otras metas, como proseguir estudios, optar por un grado académico, adquirir mayor facilidad para comunicarse con las personas, capacidad para disfrutar de una vida amorosa más plena, etc.

Los dados auguran con toda claridad que sobre todo, la nueva situación, o las nuevas posibilidades, influirán en el estado de ánimo del que consulta y en su actitud mental, y será por supuesto de manera positiva.

Cuando el número 6 cae en el noveno segmento

La incertidumbre que prevalece en este momento en la vida del que consulta, influencia, en gran manera, su estado de ánimo. No sabe en qué situación se encuentra o en dónde se ubican ciertas cosas en su vida. Está sumergido en un sentimiento de gran confusión en lo que respecta a su vida actual y a la trayectoria que tiene que seleccionar. Hoy en día las cosas parecen imprecisas y poco nítidas, como si estuvieran cubiertas por un velo de humo. Como resultado, el que hace la consulta siente una falta de confianza que afecta todos los aspectos de su vida. Se siente deprimido y desalentado y considera que está decepcionando a las personas que lo rodean, en particular a los que están, de manera especial, cerca de él: su pareja, sus padres o sus hijos.

El sentimiento negativo que lo invade como resultado de la situación incierta, hace que algunas veces se inmovilice, ya sea por una paralización emocional o por la impresión de que no es capaz de ser útil, creativo o productivo. Será sólo hasta que todo vuelva a clarificarse que podrá volver a ser él mismo y a sentir que ya ha vuelto a encarrilar su vida. Es posible que esta etapa, aunque sea corta, le parezca una eternidad. En la fase por empezar, deberá ser tan fuerte como le sea posible en el aspecto psicológico. Sin embargo, a pesar del efecto psicológico tan severo que tienen las cosas en su vida, debe estar consciente de que es una situación temporal. Mientras más facilite su paso por esta etapa, más fortalecerá a aquellos que lo rodean y a aquellos que le son más queridos, ya que también a ellos les afecta la falta de confianza que perciben en él. Si mira a su alrededor y se percata de todo lo que ha logrado hasta ahora en su vida, obtendrá la energía espiritual que le ayudará a atravesar, sano y salvo, por esta etapa.

Cuando el número 1 cae en el décimo segmento

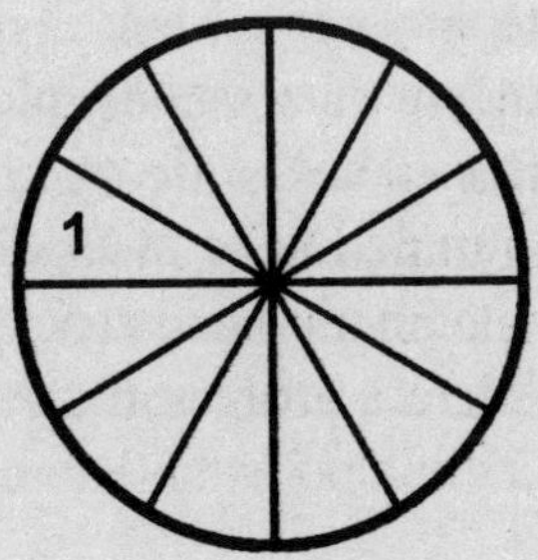

Los dados dicen que hay un buen pronóstico para el futuro en todo lo que concierne a la carrera del que hace la consulta. La etapa que comienza será una de prosperidad en lo que respecta a desarrollo en el trabajo. Es posible que el que consulta reciba un ascenso en su empleo actual o empiece a trabajar en otro lugar que le ofrece oportunidades de progreso, un mejor salario y un campo más extenso de trabajo. Los dados indican mejoras profesionales que también cambiarán de manera significativa la condición del que consulta. Su nivel será más elevado y esto se manifestará en el hecho de que tendrá más áreas de responsabilidad en el trabajo o estará a cargo de un número mayor de trabajadores. Las personas cercanas a él en el trabajo le brindarán mayor respeto como resultado de su nueva situación. Contará con instrumentos más significativos y mayor poder para cambiar las cosas. Como mencionamos con anterioridad, su nueva situación irá acompañada de un aumento sustancial en el salario. Podrá ir mejorando, de manera gradual, su posición financiera.

Los dados auguran mucho éxito en la carrera del que consulta, pero también lo previenen de una situación en la que hará nuevos enemigos, conforme prospere en su carrera. Esto es casi un mal necesario, ya que otras personas ambicionan el puesto que a él se le ofrece y acepta. Es posible que estas personas se nieguen a cooperar con él, por lo menos al inicio, hasta que se compruebe su capacidad. El que hace la consulta debe estar preparado para tales luchas internas en su lugar de trabajo y también para el hecho de que habrá personas que traten de darle una puñalada por la espalda como resultado de los celos y la envidia. En última instancia, como resultado de sus capacidades, su carrera profesional será exitosa. Sin embargo, el camino a la cima no es un lecho de rosas.*

* Según Chantal, el décimo segmento trata de la carrera de la persona (lugar de trabajo).

Cuando el número 2 cae en el décimo segmento

El éxito en la profesión del que hace la consulta depende de la estabilidad de los vínculos amistosos que tenga con una persona cercana a él. Esta persona puede ser alguien en su trabajo o alguien fuera de él. El que consulta sabe de quién se trata y conoce la razón por la que un ascenso en su carrera depende de él. Si es importante para el que consulta mejorar y tener éxito en su trabajo, se le aconseja que mantenga buenas relaciones con esa persona.

Esa persona tiene la capacidad de promover o degradar al que hace la consulta. Tiene el poder de cambiar su situación en el lugar de trabajo, mas el que consulta no es consciente del poder de esa persona. Los dados le hacen notar este hecho y le indican lo importante que es mantener una relación positiva y estable con esa persona, ya que tiene el futuro de la carrera del que consulta en sus manos.

Se le aconseja a quien hace la consulta que sea prudente y averigüe quién es esa persona. Cuando esté seguro, deberá mantener relaciones positivas con él, o trabajar en mejorar su relación con él, si sus lazos no son lo suficientemente estables o positivos. Si su relación es buena, el que consulta va por la senda propicia que le asegurará una carrera exitosa y llegará a tener, en un futuro, puestos de antigüedad y cargos clave.

Cuando el número 3 cae en el décimo segmento

El que hace la consulta puede esperar una etapa estupenda de grandes satisfacciones en lo relacionado con su carrera, ya que experimentará una sensación de "triunfo", de "logro". Trabajó de manera ardua en su camino hasta la cima o hasta la meta que ambicionaba, lo logró y la alcanzó. Aunque todavía no logre ni alcance su meta, puede estar cierto de que los dados le auguran el éxito y el "triunfo" sobre otros en su camino a la cima.

Si el que hace la consulta siente que ya llegó a la cúspide, eso indica que ya logró superar muchos obstáculos para llegar ahí. Si todavía está luchando por llegar a su meta, la cual parece muy distante, tendrá que superar muchos obstáculos en su camino hacia la cima. Podría haber una persona que esté poniendo trabas en su senda, pero también es posible que algunas condiciones neutrales le hagan las cosas difíciles en su camino al éxito. Si logra manejar bien esos obstáculos, no sólo logrará una posición fuerte en su lugar de trabajo, sino que también será admirado de manera especial y la gente estará feliz de someterse a su autoridad.

Si el que consulta es por naturaleza una persona dominante, deseosa de poder y despótico, no dudará en seguir el camino, aunque esté lleno de problemas y obstáculos. Si el que consulta es una persona más recatada, que tiene consideración con los otros, el camino a la cima será más difícil, pero los dados le pronostican un éxito seguro y la "victoria" en todo lo que se relacione con su trabajo y su carrera.

Cuando el número 4 cae en el décimo segmento

Durante la siguiente etapa, el que hace la consulta puede esperar una desilusión en su carrera. Aunque haga un esfuerzo por mejorar su situación en el trabajo y por lograr nuevos objetivos, deberá estar preparado para el hecho de que no será fácil. Aunque en última instancia logre alcanzar los objetivos que se fijó, puede esperar decepciones, ya que es muy posible que descubra que la "cima" no es lo que él se imaginaba.

Las desilusiones en su carrera pueden ser el resultado de una discrepancia demasiado grande entre las expectativas de sí mismo y sus capacidades reales. Aunque piense que puede alcanzar logros importantes, cuando baje a la realidad, se podrá dar cuenta de que las cosas son mucho más difíciles de lo que pensaba en un principio y por eso su desilusión será grande. Sin embargo, la decepción no tiene que venir, de manera necesaria de su desempeño; lo contrario puede ser totalmente cierto: el puesto al que aspira puede llegar a decepcionarlo por completo. Es posible que no le ofrezca ninguna satisfacción, o que se sienta demasiado calificado para éste y que es capaz de hacer mucho más.

La desilusión puede, en realidad, ser una etapa "constructiva" en su vida y en su camino hacia la realización de otras aspiraciones. Aunque experimente un desengaño que le ocasiona una gran desilusión, pronto superará la crisis y es posible que lo sostenga y fortalezca en el futuro. Es probable que una desilusión en la carrera laboral del que consulta pueda afectar, en gran medida, a los miembros de su familia. Si es casado y tiene hijos, debe estar consciente del hecho de que si decae su estado de ánimo, puede lastimar a las personas que le son más queridas. Debe tratar de salir adelante del desaliento con fuerza emocional y hacer un esfuerzo por continuar. Los miembros de su familia, quienes le brindan su apoyo, pueden ayudarlo a salir de la situación problemática en la que se encuentra, pero debe percatarse de que es algo pasajero y en ningún momento significa la pérdida de su trabajo, sino que es sólo un desencanto. Sin duda alguna, las cosas pueden cambiar en un futuro por lo que quien hace la consulta debe ser optimista y hacer otro intento.

Cuando el número 5 cae en el décimo segmento

Se espera que las buenas nuevas que pronto recibirá el que hace la consulta, cambiarán su condición laboral así como su trayectoria. Es posible que estas noticias lo hagan dejar por completo su ocupación actual para enfocarse a cosas completamente diferentes a aquellas que actualmente desempeña. Existe una gran probabilidad de que el que consulta reciba una fuerte suma de dinero de una fuente cuya existencia ignoraba, como una herencia, un premio de la lotería, de juegos al azar, o de dinero que venga del extranjero. Esta suma de dinero le permitirá vivir una vida completamente diferente a la que vive ahora. Puede ser una suma tal, que le permita dejar de trabajar y liberarse para hacer las cosas que le agradan o iniciar pasatiempos con los que siempre ha soñado. Es posible que una inversión financiera en cierto proyecto, haga posible que el que consulta se inicie en áreas en las que siempre anheló trabajar, pero que no pudo hacerlo por no disponer del capital suficiente para empezar: áreas como los restaurantes, la construcción, la importación y exportación, etc.

Aunque haya probabilidades de que las noticias están relacionadas con el dinero, esto no necesariamente es el caso. Las buenas nuevas pueden influenciar de tal manera la carrera del que consulta que puede llegar a hacer nuevos descubrimientos en el área de su profesión, los que serán de gran ayuda en su progreso. Dichas innovaciones, que le pertenecen sólo al que consulta, le darán una ventaja en su trabajo profesional sobre sus compañeros o sobre sus rivales. Le permitirán llevar a cabo nuevos objetivos y reafirmar su posición de tal manera quc podrá asumir un puesto importante y se remontará con gran rapidez en su carrera. El éxito lo iluminará.

Cuando el número 6 cae en el décimo segmento

Los dados indican que quien hace la consulta está atravesando por una etapa de incertidumbre en todo lo concerniente a su carrera laboral. Sus ascensos pueden depender de factores sobre los que no tiene control. No sabe hacia dónde se encamina y todo lo concerniente a su lugar de trabajo está envuelto en neblina. Esta etapa difícil le ocasiona inestabilidad y debilita su confianza interior. Depende de su lugar de trabajo para su ingreso y el de su familia y una incertidumbre de este tipo le causa una gran tensión emocional. Es posible que mientras no se despeje la situación, él siga soportando una etapa que no es nada fácil. Si todavía no siente como si el piso se hundiera a sus pies, en el futuro próximo sucederá algo en su lugar de trabajo que le traerá una sensación de incertidumbre.

Es probable que se trate de alguien más, cuya competitividad y capacidades son iguales a las del que hace la consulta, y por lo mismo, representa una amenaza para su situación laboral y quiere apropiarse de su puesto. Sin embargo, también podría ser que el que consulta hizo un enorme error relacionado con los procedimientos laborales y ocasionó un daño importante al lugar de trabajo. Por esta razón es incierto si él podrá aferrarse al puesto o será despedido.

Si el que consulta sabe que está a punto de ser despedido, debe hacer todo lo que esté en su poder para encontrar un nuevo trabajo lo más pronto posible, ya que si queda desempleado por mucho tiempo, nunca volverá a recuperar la confianza en sus capacidades y talentos.

Como mencionamos antes, la incertidumbre afecta su carrera profesional y su situación en el trabajo, pero es de índole temporal. Si puede permanecer en su trabajo y salir de esta etapa ileso, la crisis se volverá algo del pasado y podrá progresar como si esas cosas nunca hubieran sucedido. Debe esforzarse para demostrar sus capacidades y talentos y defender sus derechos para poder desvanecer esta nube de incertidumbre que lo rodea.

Cuando el número 1 cae en el undécimo segmento

Los dados predicen, para el que hace la consulta, señales positivas relacionadas con lazos de amistad de algún tipo en los que él está involucrado. Los dados no indican si estos vínculos son mujeres u hombres, pero se refieren, en general, a las amistades del que consulta.

Si quien hace la consulta estuvo implicado en una relación llena de tensiones con uno de sus amigos o amigas y esto lo afectó en su vida emocional, todas las dificultades ya se han subsanado. Si la amistad ha llegado a un callejón sin salida, a una situación problemática o a una condición de falta de confianza y de sinceridad, se espera que estos problemas desaparezcan en la etapa por comenzar y la amistad vuelva a ser lo que era en el pasado.

Si es una amistad sentimental, los dados auguran que hay señales positivas en todo lo que concierne a la relación con su pareja. Si el que hace la consulta ha empezado a establecer últimamente lazos de amistad con un miembro del sexo opuesto, hay una indicación de que ésta funcionará. Si el que consulta no está involucrado en una relación sentimental, los dados predicen que hay señales positivas de que el futuro próximo traerá dicha relación y habrá la posibilidad de que tenga éxito.

Si el que consulta está involucrado en una relación de muchos años con su pareja, quien lo conoce bien, los dados predicen una relación sana y cercana que continuará y que puede llevarlos al altar. En tal caso, el énfasis está en el hecho de que las relaciones entre la pareja se fundamentan, antes que nada en la amistad, la honestidad y la sinceridad y por eso existen grandes posibilidad de que la relación continúe.

Si quien hace la consulta es una persona soltera y solitaria, que no establece vínculos de amistad profundos con miembros de su propio sexo o del opuesto y le es difícil comunicarse con las personas en lo general, puede esperar una etapa de prosperidad. En la etapa por comenzar, logrará crear lazos de amistad con las personas que lo rodean. Por una parte, se abrirá a los otros y le será más fácil aceptarlos, por otra, encontrará personas que estén dispuestas a escucharlo. Tendrá el valor de abrir su corazón a otras personas. Esto facilitará las cosas desde un punto de vista psicológico y descubrirá que al contrario de lo que sintió toda su vida, hay personas en las que se puede confiar. Su confianza en la gente aumentará durante esta etapa y se encontrará rodeado de amigos, como nunca antes lo había experimentado en su vida.*

* Según Chantal, el undécimo segmento trata de los vínculos de amistad.

Cuando el número 2 cae en el undécimo segmento

Esta combinación hace alusión a la capacidad que tiene el que consulta para establecer vínculos cercanos de amistad con las personas que lo rodean. Es posible que se le dificulte creer en sus amigos ya que es una persona que disfruta estar solo, en especial si confía en sí mismo. Los dados indican que si desea lograr lazos de amistad estables, cercanos y serios con las personas, tiene que abrirse y dar crédito a los otros. Su éxito para hacer amistades dependerá del grado de sinceridad que quiera mostrar. Si se permite creer en los otros, aceptar sus opiniones y confiar en ellos, ya está a mitad del camino para lograr una amistad verdadera.

Es posible que sus oportunidades de ser exitoso en otras áreas de la vida también dependan de su capacidad para fundamentar su amistad en vínculos de confianza estables. Según los dados, mientras más logre entablar amistades y más se asegure de que su confianza en ellos es grande y de que sus relaciones durarán mucho tiempo, más amplios serán sus logros en las áreas en las que se ha fijado metas.

Si quien hace la consulta está rodeado de amigos, se le facilita comunicarse con las personas y no tiene problemas de melancolía por estar solo o incapacidad para comunicarse con los demás, debe examinar el grado de la sinceridad de los lazos que lo unen a sus amigos. ¿Se basan estos vínculos en la honestidad, la sinceridad y en la fe y confianza mutuas? Si los amigos de quien hace la consulta son de aquellos que no lo apoyan en el momento de necesidad, debe examinar su capacidad para conseguir amigos verdaderos, la clase de amigos que estén a su lado cuando los necesite. Debe descubrir en lo que se ha equivocado, la naturaleza de los lazos que establece con las personas en general, y cómo puede rectificar la situación para poder conseguir verdaderos amigos, los que estarán cerca de él cuando vengan los tiempos difíciles. Una amistad verdadera no quiere decir una charla ocasional; más bien, una que resiste la prueba de la realidad. El que consulta debe examinar la naturaleza de los vínculos de amistad que logre establecer y debe enmendar su camino según se requiera.

Cuando el número 3 cae en el undécimo segmento

Los dados indican que quien hace la consulta experimentará muy pronto una sensación de "triunfo" en todo lo concerniente a su amistad con las personas que lo rodean. Es posible que el sentimiento de "triunfo" sea ocasionado por una importante reconciliación que tuvo con un amigo con quien había reñido por algún altercado. Si el que consulta en realidad peleó con una persona con la que tenía vínculos cercanos y su relación se vio debilitada, los problemas que surgieron entre ellos pronto serán subsanados. La sensación de descanso se asemejará a un sentimiento de triunfo interno, de capacidad para vencer el orgullo y de respeto por la meta más importante de todas.

Si el que consulta no está involucrado en algún pleito con un amigo, los dados insinúan que muy pronto logrará metas que sus amigos también desean lograr, pero él podrá alcanzarlas y llevarlas a cabo, mientras que las aspiraciones de sus amigos no se perpetrarán, o el camino que los lleve hacia ellas será más largo. El sentimiento de que ha logrado cumplir con su objetivo antes que sus amigos lo hará sentirse sumamente orgulloso y se sentirá "triunfante" sobre los otros. Esto también puede expresarse en el aspecto material, si por ejemplo, logra hacer realidad su "sueño" de tener una casa con jardín grande y tal vez con una piscina privada. Sin embargo, también se puede manifestar en logros impresionantes en otras áreas, como por ejemplo, en sus estudios. Si el que consulta logra obtener un grado universitario antes que sus amigos, o tal vez aún una maestría o doctorado, es posible que advierta "que lo logró antes que todos" y sienta orgullo interno por sus logros.

A pesar de los sentimientos de orgullo y honra que se acumulan en quien hace la consulta debido al "triunfo" sobre sus amistades, éste deberá tener suficiente control de sí mismo como para no hacer alarde de sus sentimientos de manera externa. Tratará de no ser demasiado presuntuoso pues de lo contrario alejará a sus amigos, aún a los más cercanos.

Los dados también pueden insinuar que el "triunfo" esperado por el que consulta vendrá de la colaboración con sus amigos más cercanos. Si trabaja con estos en un proyecto colectivo, pueden esperar gran éxito (este proyecto puede consistir en la construcción conjunta de casas, la compra en grupo de un yate, un largo viaje en grupo al extranjero, etc.). Los dados auguran el éxito si están en algún tipo de concurso. Si no están involucrados en ningún certamen, sino que juntos participan en algún proyecto, la culminación del proyecto dará, al que hace la consulta y a sus amigos, una sensación de triunfo.

Cuando el número 4 cae en el undécimo segmento

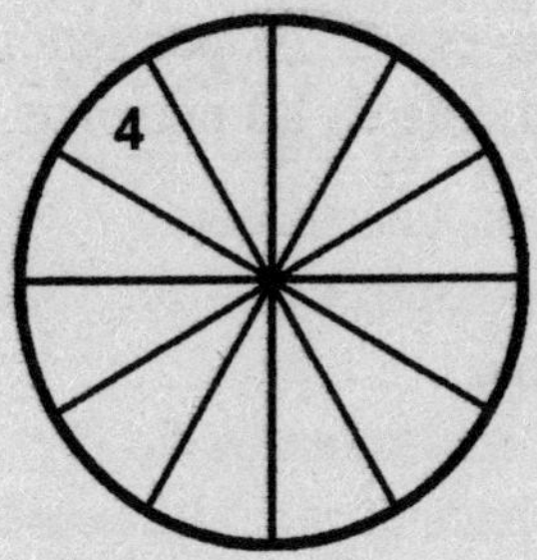

Los dados insinúan que quien hace la consulta puede esperar muy pronto ser decepcionado por sus amigos. Esta desilusión puede presentarse en la forma de traición proveniente de algún buen amigo o amigos. Es posible que descubra que confió más de lo debido en uno de ellos y como resultado lo decepcionó.

El que consulta, que estaba seguro de que podía confiar en cierto, o ciertos amigos, perderá la fe en ellos y quedará muy desilusionado. La crisis resultante se le convertirá en un trauma difícil. Es posible que la supuesta decepción debilite su fe en los seres humanos en general y la etapa que comienza puede ser difícil y venir cargada de estados de ánimo angustiosos. Durante mucho tiempo después, es posible que el que consulta evite confiar en la gente, incluso en aquellos más cercanos a él. Puede entrar en una etapa en la que se repliegue dentro de sí, durante la que estará renuente a mezclarse con amigos, así como a salir y divertirse. Necesitará un tiempo para recuperarse del "golpe" que recibió, pero a la larga, alguien cercano a él le reforzará la fe en los que lo rodean y volverá a confiar en los otros. Después de mencionar esto, llevará consigo, durante toda la vida, la lección que aprendió de esa decepción severa y permanecerá con él una especie de "cicatriz" en su alma. En algún lugar del inconsciente, siempre tendrá desconfianza de una fe ciega en los otros, a pesar de sus esfuerzos por ignorar estos recelos y poder confiar plenamente en las personas.

Cuando el número 5 cae en el undécimo segmento

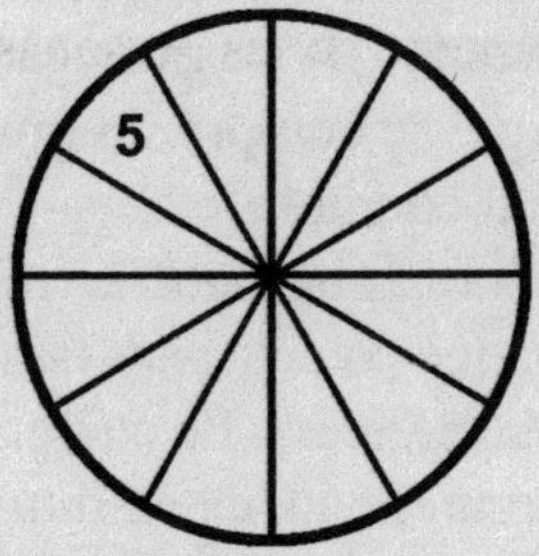

El que hace la consulta puede esperar recibir buenas nuevas de sus amigos. Las buenas noticias lo alegrarán sobremanera, ya que están, en cierta forma, relacionadas con su futuro. Estas noticias también le afectarán en forma directa a él, por eso es que son tan importantes.

El que consulta tiene buenas amistades en las que se apoya con fuerza; está preparado para escuchar sus propuestas e ideas. Toma con mucha seriedad sus opiniones y confía en que desean lo mejor para él así como él lo quiere para ellos.

Si quien hace la consulta es soltero, las buenas nuevas que recibirá de sus amigos pueden estar relacionadas con asuntos que tengan que ver con su vida amorosa, como encontrar pareja.

Es posible que traten de arreglar su boda y aunque al que consulta no le agrada que las personas le concierten citas ciegas, esta vez está dispuesto a aceptarlo, ya que hay mucha posibilidad de que funcione.

Si quien hace la consulta es casado, los dados indican, en el ámbito material, buenas nuevas de parte de sus amigos. Es posible que sus amigos le informen de una suma de dinero que ganó, tal vez como resultado de una serie de billetes de lotería que compraron en grupo.

Es posible que un proyecto en el que estaban todos involucrados haya dado resultados positivos, lo que facilitará, de manera significativa, la carga de ganarse la vida. Puede ser una franquicia que se compró en grupo o algún tipo de iniciativa empresarial conjunta, etc.

Si el que consulta recibe noticias relacionadas con sus amistades, más bien que con él, éstas también estarán vinculadas con él de forma indirecta. En cualquier caso, estas noticias influirán, en cierto modo, en su futuro o su familia. Las noticias que recibirá serán muy alentadoras y placenteras y el futuro próximo estará lleno de sorpresas.

Cuando el número 6 cae en el undécimo segmento

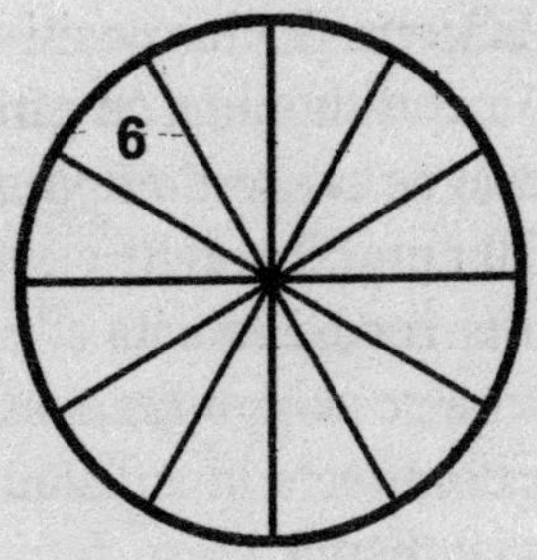

Esta combinación sugiere que quien hace la consulta está atravesando por una etapa de incertidumbre en lo que se refiere a los lazos que tiene con sus amistades. Es posible que un altercado o desacuerdo lo haya hecho alejarse de sus amigos y no está seguro de cómo andan las cosas en este momento. Está en un estado de confusión e incertidumbre en todo lo que se refiere a la naturaleza de su vínculo con los amigos y esto le ocasiona que pierda la confianza en sí mismo y se deprima.

Los lazos que lo unen a sus amigos son muy importantes para él, por lo que la situación en que se encuentra, una de incertidumbre con respecto a la condición de su amistad, le afecta sobremanera.

Es posible que él mismo haya hecho algo para alejar a sus amistades. Si este es el caso, le será muy difícil arreglárselas con los remordimientos de conciencia que siente. Está en una situación en la que no le es nada fácil hacer propuestas a los amigos de los que se separó y suplicar que lo perdonen, para así poder acercarse a ellos una vez más.

A pesar de esto, si desea volver a la rutina y si quiere sentirse bien y en paz consigo mismo, debe superar su orgullo y dar el primer paso.

Aunque esto no sea fácil, debe superar los obstáculos mentales que lo detienen. Sólo de esta manera logrará devolver a la amistad su antigua gloria.

Si el estado de incertidumbre en que se encuentran los vínculos con sus amigos no son culpa suya, debe poner al descubierto la raíz del problema. Si ciertos sentimientos de celos o envidia han engendrado esta situación, es necesario que encuentre la forma de aclarar las cosas. Si no lo hace, las condiciones se deteriorarán y la amistad que una vez tuvo, nunca volverá a ser la misma.

El sentimiento de incertidumbre es desagradable para el que consulta, y lo afecta en otras áreas de su vida. Si no es un tipo fuerte, que resiste y no se deja afectar por situaciones como ésta, deberá remediar los problemas con sus amigos tan pronto como le sea posible.

Cuando el número 1 cae en el duodécimo segmento

Los dados muestran que una desavenencia que ha existido por años entre el que consulta y otra u otras personas, está por solucionarse. Es una disputa seria, tan seria que el que consulta y su oponente se tornaron enemigos. El muro de la hostilidad que los ha separado por tanto tiempo está a punto de resquebrajarse y una vez más, su relación será normal.

Esta combinación indica que algunas señales positivas llegarán del otro lado, y así podrán darse las circunstancias para una renovación de vínculos. El que consulta no debe dar la espalda a las insinuaciones que se le envían, sino más bien debe estar abierto a la reconciliación y a la rectificación, ya que tal vez no se presente otra oportunidad. La renovación de vínculos con el "enemigo" resultarán benéficos para ambas partes y en última instancia, el que consulta bendecirá la iniciativa prudente que hizo cuando decidió responder de manera positiva.

Si el que consulta todavía no recibe ninguna indicación del deseo de reconciliación por parte de su contrincante, ésta le llegará en los próximos días, o en su caso, en el futuro próximo.

Si el que consulta no tiene "enemigos", si no está involucrado en ninguna reyerta con nadie y por lo que a él toca, todo parece normal en este momento, los dados indican la reaparición de una antigua disputa que ya ha logrado olvidar e ignora por completo. Las cosas saldrán a flote una vez más como resultado de un encuentro con la persona con la que riñó hace muchos años. Es posible que el encuentro sea fortuito, pero también puede ser por la iniciativa de alguien que está cerca de las dos partes y desea mediar entre ellos, a pesar de los años que han transcurrido. Aunque quien hace la consulta haya olvidado por completo el "incidente" que tuvo lugar hace varios años, de algún modo, éste retornará sin quererlo. A la postre, el "enemigo" se convertirá en un buen amigo y el que consulta habrá ganado un amigo nuevo.*

* Según Chantal, el duodécimo segmento trata del área de los problemas.

Cuando el número 2 cae en el duodécimo segmento

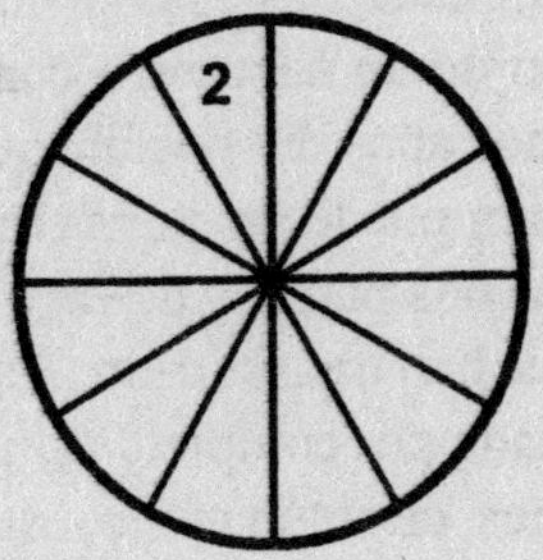

Según los dados, quien hace la consulta está involucrado en algún tipo de contienda con personas que buscan hacerle daño, o están esperando su destrucción. Para lograr el éxito, depende del grado de estabilidad de su amistad con alguien cercano a él. Mientras más estrechos sean los lazos que unen a sus amigos y mientras más estén fundamentados en la confianza y la sinceridad, más podrá soportar al sujeto hostil y derrotarlo.

El que consulta necesita un fuerte apoyo y un verdadero respaldo de sus amistades para que lo ayuden a superar la crisis en que se encuentra. El "enemigo" está tratando, por todos los medios, de debilitar su confianza y hacer que pierda sus fuerzas y sus capacidades. Quien hace la consulta necesita, sobre todo, el apoyo mental o espiritual que las personas que están cerca de él le pueden dar. Mientras más pueda sostenerse desde el punto de vista espiritual, mejor podrá defenderse del sujeto que está tratando de atacarlo. Mientras más ayuda reciba de sus amigos cercanos, más difícil será para su "enemigo" tratarlo mal y obtener lo que quiere. Los dados auguran el éxito del que consulta para mantenerse firme en la "batalla" como resultado del apoyo de sus amigos, sus colegas y su familia.

Cuando el número 3 cae en el duodécimo segmento

El que hace la consulta está a punto de derrotar a sus enemigos o cualquier otro sujeto que se interponga en el logro de sus objetivos. Los dados indican esto de manera inequívoca.

Si quien consulta está involucrado en una disputa o algún altercado serio con un adversario a quien considera un verdadero enemigo, puede disipar cualquier duda, ya que es posible esperar un triunfo indiscutible. Si el que consulta está implicado en una batalla con un sujeto que lo está agrediendo, incluso sin querer hacerlo, pero que le causa problemas de manera inconsciente, en el futuro próximo se quitará de su camino este obstáculo y así podrá avanzar con mayor facilidad hacia el objetivo que se ha trazado.

El "enemigo" no es necesariamente una persona de carne y hueso. Puede ser cualquier elemento que sea un obstáculo importante para el que hace la consulta: procedimientos burocráticos que se relacionan con algunas autoridades, un problema financiero, el no poder tener acceso a dinero en efectivo, etc.

Aunque la senda para lograr su meta no sea asequible, el simple conocimiento de que, en última instancia, el que consulta saldrá victorioso, debería animarlo en el trayecto.

Si quien hace la consulta no sabe a qué enemigo se refiere, o qué sujeto está estorbándole en el camino hacia el logro de sus objetivos, tal vez, simplemente, aún no está consciente de ello. Muy pronto las cosas se aclararán, pero puede estar seguro de que en cualquier caso, los dados le auguran que tendrá éxito y llevará ventaja.

Cuando el número 4 cae en el duodécimo segmento

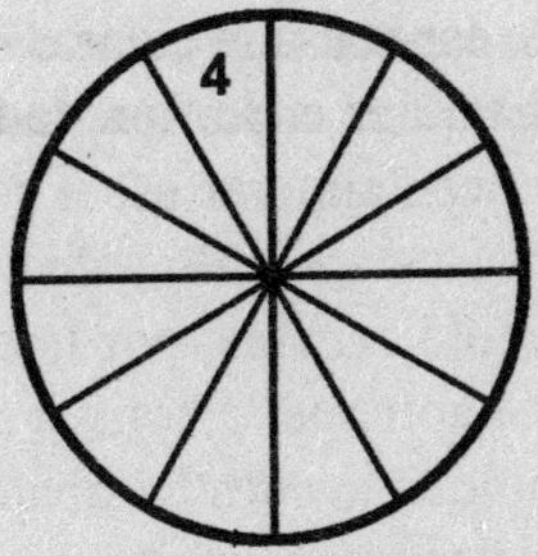

Es posible que una amarga decepción por parte de amigos haga que el que consulta los considere ahora como sus enemigos. La desilusión que quien consulta puede esperar de sus amigos será muy severa y le tomará mucho tiempo poder superarla. La interpretará como una verdadera traición, hasta el punto de verla como una puñalada por detrás.

Debido a la traición y la consecuente caída, quien hace la consulta se sentirá invadido por una zozobra severa y se encontrará en serios problemas. Deberá reunir muchas fuerzas, tanto espirituales como materiales, para poder desembrollarse de la situación en la que se ve envuelto, gracias a la traición de su amigo. El que consulta fomentará sentimientos profundos de resentimiento y venganza hacia las personas que lo colocaron en la situación actual.

No cabe duda que en lo que toca a quien hace la consulta, la condición de esas personas cambiará de "amigos" a "enemigos" y evitará renovar sus vínculos con ellos.

Después de una etapa de recuperación, se querrá preparar para la venganza, pero deberá evitarla. No lo llevará a ninguna parte, excepto al peligro de tener otra caída.

La amarga desilusión que le causaron sus amigos hará que se ponga a resguardo de las personas y en el futuro huirá de la posibilidad de trabar lazos profundos que lo lleven más allá de una simple amistad con las personas. Sólo confiará en sí mismo y llevará consigo, por el resto de sus días, la lección que aprendió. Puede esperar una etapa difícil ocasionada por una pérdida de credibilidad en los que le eran más cercanos y más queridos, mas debe superar estos sentimientos y saber que si hay alguien que estará realmente con él en tiempos de dificultad, es su familia cercana, por lo que no debe distanciarse de ellos. Debe aprender a confiar en las personas que están cerca de él, aunque le cueste trabajo.

Bajo ninguna circunstancia debe creer que las personas que lo rodean son sus enemigos en potencia, porque si lo hace, su vida se convertirá en un infierno viviente.

Cuando el número 5 cae en el duodécimo segmento

El que hace la consulta puede esperar buenas nuevas relacionadas con la caída de sus enemigos. Esto encenderá de nuevo sus sentimientos de venganza.

Es evidente que algún día sufrió un trauma relacionado con una o varias personas que se aprovecharon de él o lo metieron en serios problemas. Nunca logró vengarse ni pagarles con la misma moneda para que llegaran a entender el verdadero significado de la venganza. Muy en su interior, sintió que el deseo de represalia lo consumía, pero nunca se dejó llevar por esos sentimientos.

Ahora, alguien hizo el trabajo sucio en lugar de él. Muy pronto, el que consulta recibirá noticias de la persona o personas que se aprovecharon de él en el pasado y estas noticias serán para él estupendas y maravillosas. Les espera una seria caída y es posible que se involucren en serios problemas de los que les será difícil liberarse. Desde el punto de vista de quien hace la consulta, recibirán su merecido. Se permitirá regocijarse en su infortunio, ya que, por su parte, sentirá que se ha hecho justicia.

Es posible que estos sujetos no sean personas, sino más bien instituciones, tales como bancos o algunas autoridades, en cuyas manos, el que consulta ha sufrido mucho. Por fin se ha enterado de su desplome y de su fracaso. Desde su punto de vista, no hay diferencia, los sentimientos emanados de la crisis fueron tan traumáticos que se regocija ante su desgracia, ya sea que se trate de una persona o de una institución.

Cuando el número 6 cae en el duodécimo segmento

Los dados indican que quien hace la consulta está atravesando por una etapa de incertidumbre relacionada con los vínculos que lo unen a cierta persona o personas. No sabe si confiar en él o en ellos o no hacerlo. Es posible que con el pretexto de ayudarlo, estén en realidad buscando lastimarlo y estén conspirando en su contra. No puede decidir si debe o no permanecer en contacto con esas personas o no. Esta situación es en lo particular crítica, si es que tiene que sostener vínculos de negocios con ellos, o lazos que puedan ayudarlo a desarrollar su propio negocio, pero que al mismo tiempo, es posible que ocasionen su ruina desde el punto de vista de los negocios si es que son maestros en el arte de estafar.

En la etapa que comienza, es posible que quien hace la consulta advierta en sí mismo una sensación de incertidumbre respecto a los pasos que debe tomar en el futuro y por esto le será difícil tomar decisiones significativas.

La etapa de incertidumbre es en especial complicada, ya que quien consulta no conoce a nadie que pueda aconsejarlo o ilustrarlo respecto a estos vínculos de los que está tàn indeciso.

La nube que lo cubre todo no pasará hasta que las cosas se aclaren de manera satisfactoria. En otras palabras, hasta que se tomen medidas, el que consulta no sabrá de cierto si estas personas conspiran en contra de él o trabajan para su provecho.

La sensación de incertidumbre es compleja para el que consulta y debe hacer todo lo que esté en su poder para evitarla, ya que afecta otras áreas de su vida así como su conducta hacia las personas cercanas a él. Mientras más acciones tome para aclarar la situación, y mientras más se entere de la dirección que llevan las cosas, más fácil será todo, tanto para él como para las personas cercanas a él, ya que ellas están sufriendo, tanto como él, por esa situación.

Índice

TÍTULOS DE ESTA COLECCIÓN

Impreso en los talleres de
Trabajos Manuales Escolares,
Oriente 142 No. 216
Col. Moctezuma 2a. Secc.
Tels. 5 784.18.11 y 5 784.11.44
México, D.F.